残業ナシで成果を上げる!

MANAGE YOUR WORK AND LIFE

仕事のダンドリ

松本 幸夫
MATSUMOTO YUKIO

同文舘出版

はじめに

「仕事が多いなあ」と感じることはありませんか？

新人の頃は覚えることがいっぱいで、しかも仕事そのものに習熟していないので、時間がかかるのは当然です。ところが仕事に慣れるにつれて、それまで1時間かかっていたものが半分の30分でできるようになります。残りの30分もじっとしているのではありませんから、そこに新たな仕事を入れていきます。結果として仕事量は増えていきます。

そして時代は残業から定時で帰る、時短の方向に向かっています。もしも今までよりも短い時間で仕事をこなすとなれば、仮に仕事量は同じでも、時間あたりでこなす仕事量は増すわけです。仕事が増えた感じがしますね。

さらに、企業によっては人員削減という場合もあるでしょう。同じ仕事の分量を少ない人数でこなすとなれば、やはり仕事量は増えざるを得ません。

また、ベテランになるほど、抱える仕事のジャンルや、やるべきことが増えます。自分だけでなく、チーム、メンバーまでもカバーしていくので、やはり仕事が増えます。

そうした状況にあっては、仕事のスキルをどんなに高めても、それだけで成果が出るとは限りません。

たとえば目先の仕事、たまたま手にした仕事から進めていくと、どうなるでしょうか？　電話がかかってきたから応対する、メールを頻繁にチェックしてそのたびに返信する、上司に頼まれた仕事から順番に進める……これでは行き当たりばったりの思いつき仕事で、効率的ではありません。

効率で言えば、個々の作業スピードを上げるのはひとつの手で、たとえば、ツーフィンガーでキーボードを叩いていた人がブラインドタッチで打てれば、当然、事務作業は速くなるでしょう。歩くスピードが速くなれば、移動時間を短縮できるということです。しかし、これには限界があります。

そもそも、仕事に使える時間は限られています。その中で最大の成果が得られるようにするには、手持ちの仕事を把握し、どの仕事にどれだけの時間をかけるか、どの時間帯にどんな順番で進めるかを自分で組み立てていかなければなりません。仕事を受け身の姿勢で取り組むのではなく、主体的に自らマネージしていくことがダンドリと言えます。

本書では、ダンドリよく仕事を進めるために必要な、基本から実践までを幅広くお伝えしていきます。仕事の成果をもっと上げたい、仕事の幅を広げたい、そんなあなたに不可欠のスキルです。ぜひ、本書を読んで身につけてください。

Contents

Chapter 2 迷わず仕事を進めよう！優先順位のつけ方

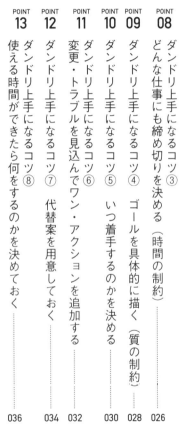

Chapter 3 スケジューリングの基本

Chapter 4 残業しないスケジューリングのコツ

Chapter 5 サクサク進む！自分の能力を最大限に高めるダンドリ術

Chapter 6 実践！ 場面別ダンドリ術

Chapter 7 さらに仕事が進む！チームのダンドリ術

Chapter 8

もう一歩先へ。人生・未来をつくるダンドリ術

カバーデザイン　村上顕一
本文デザイン・DTP　ムーブ（新田由起子・川野有佐）
本文イラスト　内山良治

仕事を効率化しよう

Chapter 1

POINT 01

仕事のROIを考える

どんな仕事であっても、仕事をした「つもり」で終わってはいけません。常に「ROI（リターン・オン・インベストメント）」、投資効果を確認する必要があるということです。はたしてこの仕事にそれだけの時間をかける必要があるのか？　最少の時間で行なうにはどうしたらいいのか？　費用対効果は見合うのか？　といったことを、仕事をスタートするにあたって、必ず考えなければいけないのです。

時間がかかり過ぎると見込まれたら、人に協力してもらう、任せる、時期をズラす、分割してみる、というようにあらゆる手段を講じていくのがダンドリ術と言えるでしょう。予算がオーバーかなと見越せたなら、あらかじめ予算取りの根回しに入るとか、パーターで人を貸し出すとか、次回は予算を回すというような、事前交渉をしておくのもダンドリの一部に入ります。

キーワードはROIです。かけた時間、費用に対して成果は見合うものなのか？　という意識があなたの仕事を一段上に高めてくれます。

キーワードはＲＯＩ

ＲＯＩ＝成果（Output）／時間・費用（Input）

資料・データ収集のＲＯＩは？

膨大なデータを集めるのに２日間かかった……成果は？

誰が読む書類なのか？
プレゼンの説得力を増すために使う、セールストークの補強材料にするなど、アウトプットを前提に収集する

ミーティングのＲＯＩは？

定刻にはじまらない、終わらない、長時間かかる……成果は？

そもそも自分が出席しなくてはいけないミーティングなのか？
なんのために集まっているのか？

徹夜で終えた仕事のＲＯＩは？

疲労感でいっぱい、集中力が持続しない……成果は？

午前中にやることができなかったのか？　他の仕事への影響は？

疲労感によって、「自分は仕事をしたんだ」という錯覚を起こしていないか？　本来の「手段」が「目的」になってしまう「手段の目的化」になっていないか？「成果は出るか？」「使えるためにはどうしたらいいのか？」を常に自問して行動する

POINT 02

PDFで仕事を効率化する

仕事の効率化に欠かせないのがPDFの考え方です。PDFとは、P(PLAN)=計画、D(DO)=行動、F(FOLLOW UP)=修正、を略したものです。

まずは行き当たりばったり、出たとこ勝負は避けなければなりませんから、しかるべき計画が不可欠です。

二番目に、絵に描いた餅にしないためには、しっかりと行動に移していく必要があります。計画倒れで終わることは少なくありませんし、アイデアはよくても、なかなか実行できないこともあります。それは、行動しづらい計画だったとも言えるので、行動しやすいように計画を立てることも欠かせません。アメリカの建国時代の偉人の一人、ベンジャミン・フランクリンも、知識は実行してはじめて力になる、と説きました。

さらに、実行してみて、必ず現実の状況に合わせて修正しなくてはなりません。ロケットが、軌道を修正しながら目的地に達するのに似ています。

このように、仕事を進める上では、PDFのサイクルに従って、目標に到達するよう心がけましょう。

PLAN、DO、FOLLOW UP のいずれが欠けてもダメ

PLAN
計画

DO
行動

FOLLOW UP
修正

立てた計画に基づいて行動し、軌道修正する。仕事においては、このサイクルを繰り返すことが必要

POINT 03

バラツキなく、安定して成果を出す

あなたの仕事に安定感はあるでしょうか？　もしかして、成果にバラツキが見られませんか？　バラツキというのは、波に乗っている時と、そうでない時の差が大きくはないかということです。

モチベーションや集中力が安定せずに、成果が乱高下してしまうことはないでしょうか。仕事の能力が高くても、やる気をなくしたり気が散ってしまっては、力が発揮できません。仕事の能力・やる気が最大に高まるように調整するのもダンドリの一部です。上手にダンドリしていくことで、安定的に成果を出せるようにしましょう。

ダンドリ上手な人は、どの仕事をどの時間帯にすると集中できて効率的か？　ということを考えて仕事を進めています。

私の場合、早朝に執筆、午後に営業活動というのが、いろいろ試した末のベストです。朝型の経営者は多くいますし、作家でも村上春樹氏などは午前中しか執筆しないというくらいです。大切なのは、仕事の種類にかかわらず、本当に効率的に仕事ができているか？　を問い直していくことです。

仕事の成果を上げる公式

仕事の能力を磨けば成果は上がるが、能力だけあっても成果は出ない

仕事の成果＝仕事の能力×やる気×ダンドリ力

クレームがあったり、社内や家族とのトラブルがあってやる気が落ちると、仕事に集中できず、能力は活きない

能力、やる気が同じでも、ダンドリ力が向上すれば、成果はグーンとアップ

同じ作業・似たような作業を異なる時間帯にやってみて、作業時間を計測してみると、どの時間帯が効率的なのかがわかる。一般的には、企画・考える仕事は午前中、活発に行動するのは体温の上がった午後が効率的と言われる

POINT 04

ムリ・ムダ・ムラをなくす

仕事を効率化するとは、「ムリ・ムダ・ムラをなくす」と表現することもできます。

ムリをなくすには、少し高めの挑戦的な目標を掲げ、予算と納期を適正に確保した上で目標を達成していくことです。なかでも重要なのは、目標の設定の仕方です。仕事によって異なりますが、今より少し努力したら達成可能で、やりがいがあると思えることが条件です。やさし過ぎても、難易度が高過ぎても、やりがいは持てません。

ムダというのは、たとえば部署内でファイル名のつけ方を統一していないと、探しにくく、共有されません。結果、すでに存在しているデータを一から調べ直すというのは、よくあるムダです。あるいは、社内の担当者を探しに行ったものの、不在で戻ってきてしまうなどというのも、連絡不足・コミュニケーション不足によるムダに入ります。

ムラが発生する要因はさまざまです。手のつけやすい好きな仕事からはじめると、当初は成果が出るものの、終盤になるにつれ、仕事の質は下がりがちです。質のバラツキだけでなく、完成までの早さにも濃淡は出やすいものです。この原因は、仕事にかかる時間の見積もりが甘いことと、そもそもスケジュールを組んでいないことが挙げられます。

仕事の効率化を阻むもの

ムリ
- 高過ぎる目標
- 短過ぎる納期
- 低過ぎる予算

ムラ
- 1年のうち2ヶ月に仕事が集中。10ヶ月はヒマ
- 売上の増減が激しく、不安定
- 出来、不出来の差が大きい。成果が均質でない

ムダ
- ミスによるやり直し
- うっかり忘れによる緊急仕事
- 別の人が同じ作業
- 頻繁な探し物

仕事にはたくさんの「ムリ・ムダ・ムラ」がある。ダブりやモレを防いで、いわゆる二度手間三度手間をなくし、最短時間でしっかり仕事を進めていくのがダンドリ上手

POINT 05

仕事を効率化する基本原則
――定型化、マニュアル化する

定型化、マニュアル化は、仕事を効率化する上で欠かせないものです。個々の作業の手順を決めることで、個人の能力差、経験値に、仕事の出来具合が左右されずにすみます。

もちろん、熟練仕事にはマニュアル化できないもののもたくさんあります。老舗ラーメン店の味は、その店の名人にしか出せないのにも似て、簡単には定型化できない仕事もあるでしょう。

しかし、単純作業や接客など多少の巧拙は出てくるにしても、マニュアル化できる仕事も多くあります。定型化すれば、その都度考えなくてもアクションをとることができて、時間の短縮につながります。

たとえば、さまざまな職種で、電話応対のマニュアルがあるでしょう。特に「よくある質問」に対しては、返答の仕方、トーク例のようなマニュアルがあるはずです。それらをすべて受け手が一から考えて答えていたら、時間がかかりすぎるのはおわかりでしょう。

慣れた作業であっても、一度、「この作業は定型化、マニュアル化できないか？」と考えてみましょう。そのことが、仕事の効率化に大きく役立ちます。

自分の経験や上司・先輩の経験を活かす

はじめて取り組む仕事ならマニュアルは存在しないが、何度か経験する中で、よりよい手順が固まっていく。それを秘伝のタレのようにマニュアル化していく

POINT 06

ダンドリ上手になるコツ①

見える化し、全体展望して、優先順位をつける

どんな職種でも、どんな立場の人でも、常に複数の仕事を抱えていることでしょう。しかし、仕事に使える時間は限られています。その中で成果を最大にすることを考えるのがダンドリです。ダンドリとは、いわば「優先順位づけ」と言い換えることもできます。複数ある仕事を最も効率よく、モレ・ダブリがないように、どの順番で、どのくらい時間をかけて実行していくかを検討・選択することだからです。

優先順位をつけるにあたっては、見える化し、全体展望することが欠かせません。そのためには、進行中のプロジェクト、毎月やっているルーティンの仕事、上司から頼まれた仕事……大きな仕事も細かい仕事も、目標・ノルマも、その日にやるべきことも、締め切りの有無にかかわらず書き出します。

書き出すことで、「企画書提出と報告書提出の締め切り日が近い。企画書を前倒しして仕上げよう」「仕事に追われているように感じていたが、この週はゆとりがある。焦る必要はない」「思っていた以上に仕事の量が多かった」など、気づくことがあるでしょう。

抱えている仕事を見える化し、全体展望しよう

自分はどんな仕事を抱えているのか、それぞれの仕事の締め切りはいつか、まずは書き出して把握する

POINT 07

ダンドリ上手になるコツ②

全体の流れを考えて動く

仕事を効率的に進めるには、手順を考えてから動くことが欠かせません。

手順とは、わかりやすく言えば仕事の順番、流れのことです。大きなプロジェクトなら「○月○日が最終締め切り。その3ヶ月前に中間報告」「最短時間で進めるために、作業を10人に割り振ろう」「Aの作業をするためにはBが終わっていないといけない」などの作業手順を、時間をかけて策定するでしょう。

自分ひとりで行なう仕事であっても、同じように考えるのです。

仕事によっては、順番を入れ替えただけでずいぶんと効率的になる場合があります。

しかし、長年の習慣として〝こなして〟いる仕事だと、なかなか見直しはしないものです。順番を入れ替えたらどうなるか？　人にやってもらえる仕事はないか？　と、見直しをはかりましょう。

さらに、仕事の手順を考えることで、これはしなくてもいいのではないか？　といった作業も見つかるかもしれません。ただの慣習として残っている作業であれば、思い切ってやめるか、時間を減らすような対応も必要です。

一歩先を考えて行動する

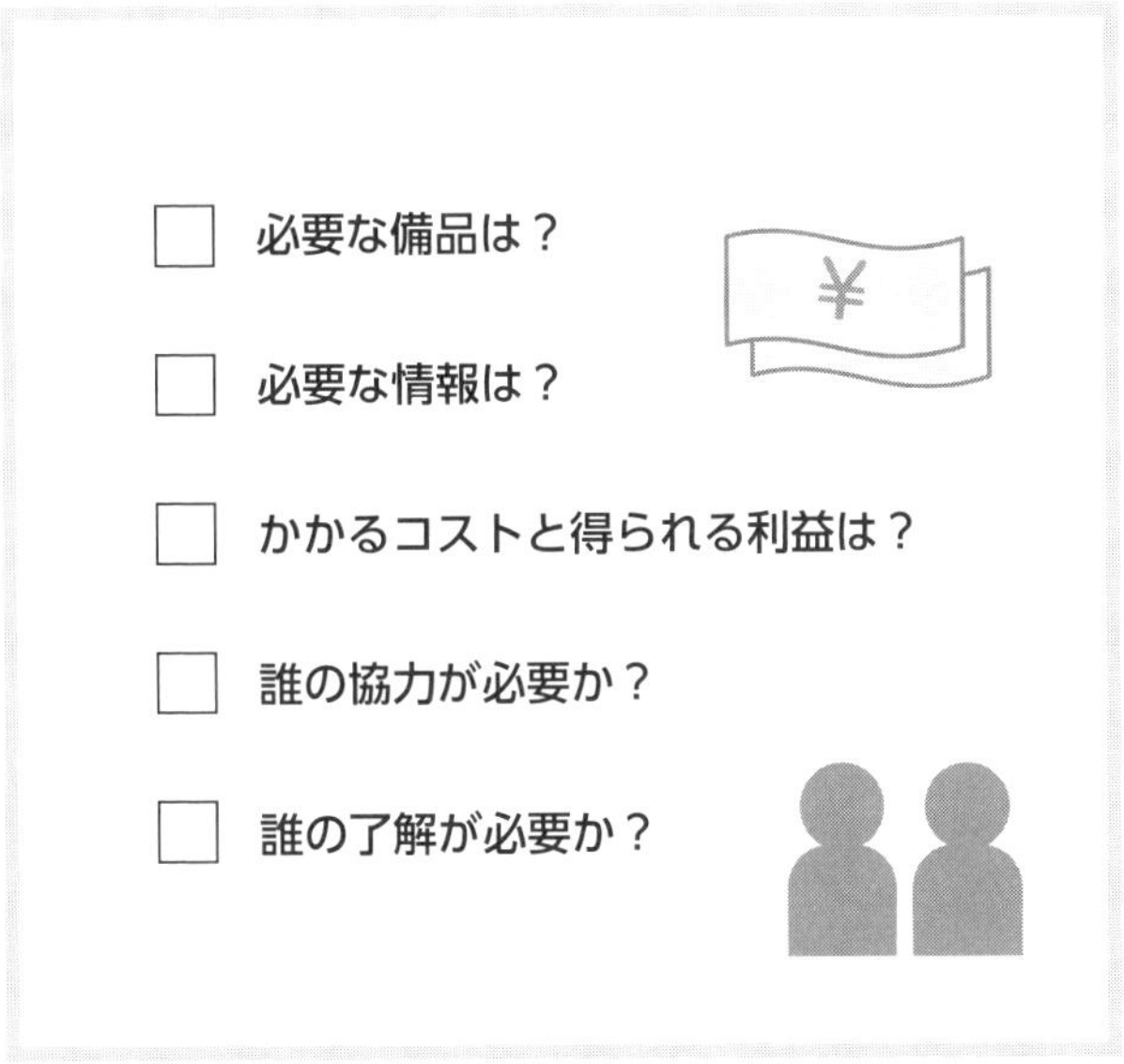
必要な備品は？
¥
必要な情報は？
かかるコストと得られる利益は？
誰の協力が必要か？
誰の了解が必要か？

「この作業を進めるためには、何が必要となるのか？」を考えて動く癖をつけよう

POINT 08

ダンドリ上手になるコツ③

どんな仕事にも締め切りを決める（時間の制約）

仕事には、特別に納期やデッドラインが決まっていないものがあります。こうした仕事は、どんな人でも、どうしても先延ばしにしがちです。

「これは来週の木曜までに提出するレポート」「この企画書は、1週間後に取引先の担当者に送らなくてはならない」という納期のある仕事には、優先して手をつけていくでしょう。ところが、心の中で「できるだけ早く仕上げないといけないな」と思った作業や、「手の空いた時にやってくれたらいいから」というような、締め切りなしの頼まれ仕事は、忙しくなってくると、いつの間にか先延ばしになってしまいます。

どうしたら、こうした仕事もスムーズにこなしていけるでしょうか？　対策は非常にシンプルです。納期がないために先延ばしになるのですから、無理にでも納期を定める、いわば「自分締め切り」をつくるのです。

「自分締め切りには拘束力がないので、結局、先延ばししてしまうのでは？」と思う人がいるかもしれませんが、何年にもわたって私の研修受講者100名近い人に実行してもらったところ、「『自分締め切り』は十分に効果がある」と言っています。

小さな仕事にも「自分締め切り」をつくろう

NG

「上司から『来週いっぱいくらいで』と頼まれたから、しばらくやらなくていいや」
「時間ができたら、新規開拓の資料をつくろう」
「そのうちファイルを整理しよう」

OK

「この仕事は午後２時までに仕上げる！」
「この仕事は 20 分で終わらせる！」

締め切りがない状態だと、どんな仕事でもいたずらに先延ばししてしまう傾向がある反面、ひとたび自分で締め切りを設けると、不思議と時間内に仕上げようとするもの。ビジネスパーソンには、「締め切り厳守」という観念が染み込んでいて、「納期に遅れたら大変なことになる」という潜在的な心理があり、「よし、遅れないようにしよう」と行動をコントロールする。たったこれだけで、残業しにくい“体質”となること請け合い

POINT 09

ダンドリ上手になるコツ④

ゴールを具体的に描く(質の制約)

結果を残しているスポーツ選手の多くは、「2年後の○○大会で入賞する」「4年後にはメダルを獲る」というように自分の「ゴール」を持っているものです。最終ゴールかどうかは別にしても、努力して行動している先にゴールが見えていたなら、モチベーションを維持できますし、今やるべきこともよくわかります。

たとえば、「できるだけ高くジャンプしてください」と言われても、目安がないと、どこまでの高さを目指せばいいのかわかりません。また、現在の状態がはっきりしていないと、どれだけ高くジャンプできたのか、比べようがありません。ゴールというのは、この高跳びのバーのようなものです。仮に2メートル15センチをゴールとしたなら、今は190センチなので、あと25センチ高く跳ぶことを目指すと、目標が定まります。

「ゴール」と「今やるべきこと」の関係は、仕事にも当てはまることです。

先ほどの締め切りという「時間の制約」と、具体的なゴールという「質の制約」の2つがあることで、仕事の進み具合が格段に早くなります。

ゴールに合わせて行動を決める

仕事を頼まれたときには

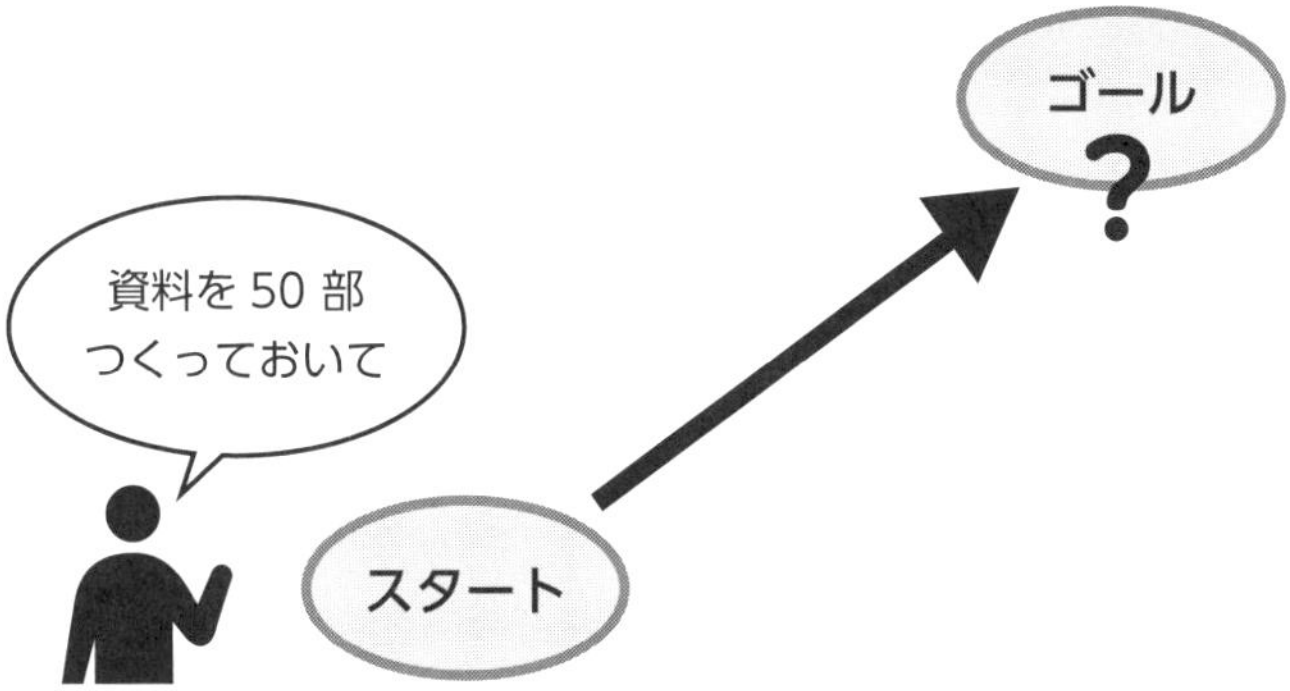
資料を 50 部
つくっておいて
スタート
ゴール
?

上司（あなたに仕事を頼んだ人）に確認しよう

資料は社内に配布？　社外に配布？

➡ **両面コピーでOK？　片面・カラーコピーにする？**

どんな使い方をする？

➡ **ファイルに入れる？　クリップで留める？**

どんな「質」が求められているのか＝行き先・ゴールがはっきりするほど、それに向けて何をすればいいか、自分のやるべきことがわかるようになる

POINT 10

ダンドリ上手になるコツ⑤
いつ着手するのかを決める

会議で結論は出たものの、まったく以前と変わらぬまま。そんなことはありませんか？なぜそうなるのかと言うと、大きな理由は、いつはじめるのか、明確にされていないからです。着手時期の決定は仕事をダンドリよく進めるための基本と言ってよいことです。

重要な仕事には必ず締め切り・納期があります。信用や安全を守るための業務は別として、それ以外は締め切りがなければ仕事になりません。なので、いつまでに終えるのかを、デッドラインとして決めておくのは基本中の基本。

それと同様に、いつからその仕事をスタートするかを決めているでしょうか？私が研修で受講者に質問したところ、驚くべきことがわかりました。「○日からはじめる」とスケジュールにまで落とし込んでいる人は1割に満たず、9割以上の人は漠然と「できるだけ早く手をつけなくては」と思っているだけだったのです。

「今週木曜の10時スタート」と決めて書き出し、見える化して、場合によっては周囲に宣言することで、ようやく仕事がはじまると思わなくてはなりません。

あなたは、今の仕事、いつから着手しますか？

締め切りは決めても、スタートはなかなか決めないもの

POINT 11

ダンドリ上手になるコツ⑥

変更・トラブルを見込んでワン・アクションを追加する

雨が降るのがわかっていれば、傘を準備しておくことで、濡れずにすみます。天気予報を見ておけばいい話で、仕事の進め方も基本は同じです。

どんな状況であれ、「大丈夫だろう」ではなく、「○○が必要になるかもしれない」「変更やトラブルは発生するもの」と考えて、ゆとりを持ったスケジュールを組むこと。そして、変更やトラブルが起こっても困らないようなワン・アクションを追加することです。ほんの小さなこと、ちょっとしたひと手間をかけることで、回避できることは少なくありません。

たとえば、取引先に書類を宅配便で送るとしましょう。後から問い合わせがありそうなら、コピーを取っておく必要があります。また、発送した時点で、「○日の午前中着で発送しました。伝票番号は○○○です」とメールを送っておくのも一案です。こうしておくと、万一、指定の日時に届かなかった場合、宅配便追跡サービスで、受け取る相手の方自身で調べることができます。念のためのメールを送るのはちょっと手間かもしれませんが、結果的に自分の負担が減ることにもつながります。

「大丈夫だろう」ではなく、「○○かもしれない」と考える

NG　「大丈夫だろう」

「書類を宅配便で送ったから大丈夫」

「30 分もあれば、取引先に行ける」

「明後日が締め切りだと伝えてあるから、全員から返事があるだろう」

「キャンセルの連絡をしたから、別のアポイントを入れよう」

OK　「○○かもしれない」

「宅配便が予定通りに届かないかもしれないから、控えをとっておこう」

「電車の遅延があるかもしれないから、ゆとりを持って出発しよう」

「締め切りを忘れている人もいるかもしれない。あらためて連絡しておこう」

「キャンセルの連絡に対して、先方から返事がない。確認してみよう」


ちょっとした確認を怠ったことによる苦い経験が、私にもあります。ある仕事の依頼を、自分は断ったつもりで、別の仕事を入れていたところ、先方に伝わっておらず、結果的にダブルブッキングとなってしまいました。電話やメールでのちょっとした確認を怠り、「断ったつもり」になってしまったのが、大きなミスにつながったのです。そのあとの謝罪や、ピンチヒッターの調整など、ひと手間を惜しんだ代償は大きいものでした。万一を考え、ワン・アクションを惜しまないことは、とても大事です。

POINT 12

ダンドリ上手になるコツ⑦
代替案を用意しておく

スケジュールを立てたものの、その通りにいかなかった、という経験はありませんか？仕事が想定通りに進まないのは、いわば当たり前のことでもあるので、変更や調整が入ることを前提にスケジュールを組み立てるのが鉄則です。

たとえば、Aさんに仕事を頼んだものの、どうもうまくいかない。時間はかかるしミスも多い、といった場合、原因は自分の人選ミスでしょうが、そのまま最後までできないなら、Aさんの代わりにBさん、Cさんに頼む、あるいはサポートに入ってもらうのが代替案です。

Aさんを選んだ時点ではBさん、Cさんに声を掛けないにしても、代わりの人選として頭においておくのです。ダメになってから動くのではなく、あらかじめ想定しておくのがポイントです。仕事の重要度によっては、「万一の時にはお願いします」くらいの声掛けをしておきましょう。

もしダメだった場合にどうするか、その対処法が多いほど、仕事はうまく回るようになります。

重要な案件ほど代替案が必要

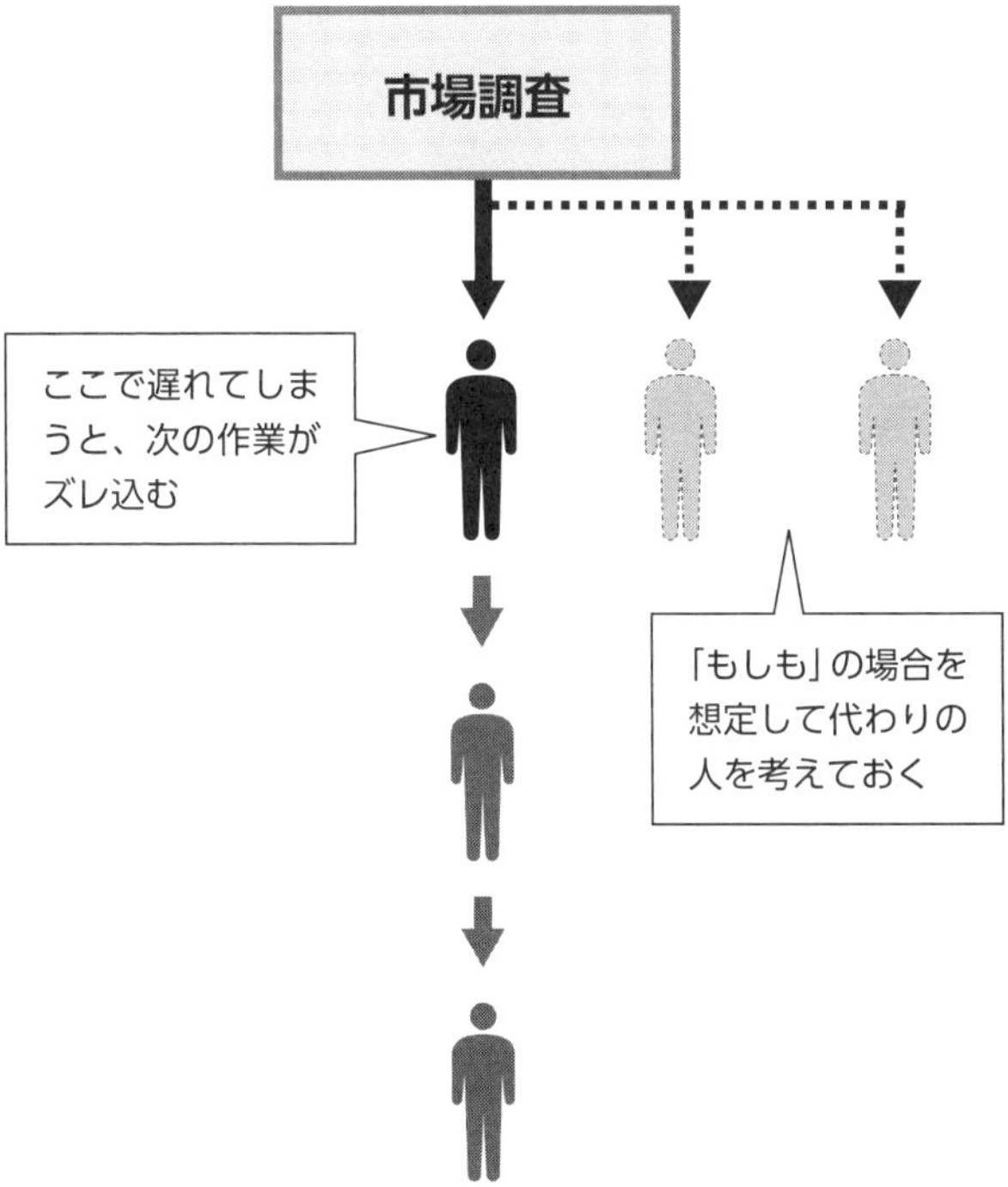
市場調査
ここで遅れてしまうと、次の作業がズレ込む
「もしも」の場合を想定して代わりの人を考えておく

思ったように進まない場合に備えて、別の人に頼むこと、
別の調査方法をとることも想定しておく

変更によってその後のスケジュールに大きく影響したり、多くの人に関係するケースほど、代替案が必要

POINT 13

ダンドリ上手になるコツ⑧

使える時間ができたら何をするのかを決めておく

ダンドリ上手になると、「使える時間」が確実に増えます。効率的に仕事をすることで、それまでより30分や1時間のゆとりが生まれることはザラにあります。

そうして生まれた時間を、ダンドリ意識のない人はどうするかわかるでしょうか？　何も考えずに、どんどん新たな仕事を入れてしまいます。せっかくダンドリをして時間を生み出したのに、また変に忙しくなってしまうのです。

仕事に追われてバタバタすることがないように、ダンドリを工夫して効率化したのに、これでは自分で自分の首をしめているようなものです。

効率化して生み出した時間に、むやみに仕事を入れないことを徹底しましょう。何のために時間を生み出すのかを、あらかじめ、しっかりプランニングしておくことです。著名な経営学者のピーター・ドラッカーは、「マネージャーにとって大切なのは時間をプランして使うこと」と断言しているほどです。

使える時間が増えたら何に使うか？

一歩先を考えて、仕事を組み立てていくことです。

何のためにダンドリをするのか？

ダンドリが上手になると、使える時間が必ず増える。その時間に何をするか？　を考えておく

迷わず仕事を進めよう！優先順位のつけ方

Chapter 2

POINT 01

ダンドリのキモは優先順位づけ

仕事のダンドリ＝優先順位をつけること、と言っても過言ではありません。言い方を換えると、今するべき仕事を把握し、自覚して仕事を進めることです。

「そんなことは当然やっています」とおっしゃるかもしれませんが、研修をしていると、ここができていない人が圧倒的に多いのです。なおかつ、先を見通した仕事となると、限りなく少なくなります。

あるひとつの仕事だけでなく、自分が関わる仕事すべてを把握し、「全体展望」しなければなりません。目先の仕事の優先順位を決めるのではなく、全体を眺めた上での優先順位づけが必要なのです。

全体を眺める中には、数ヶ月、数年先まで見通す目も含まれます。そうでないと、常にこれまでの延長線上の仕事ばかりになりがちです。また、本当は毎日取り組むべき、地道で重要な仕事がすっぽり抜け落ちることもあります。

「どの仕事を先にしよう……？」と迷うことがなくなるように、この章では、優先順位づけの基準をお伝えしていきます。

アイビー・リーの優先順位つき TO DO リスト

Today's Plan　　Date　／　／

1.

2.

3.

4.

5.

6.

Memo

今から 100 年以上前、大手鉄鋼会社ベツレヘム・スチール社が経営改善のためにコンサルタントのアイビー・リーからアドバイスをもらうことになった。リーのアドバイスは「前日に、翌日やることを列挙して、重要な順に 1 から 6 まで順位づけをして、翌日に出社したら 1 からすぐに着手せよ」というもの。いたってシンプルだが、効果は絶大。コンサルタント料の 2 万5,000 ドルは、当時、フォードの新車が何台も買えたくらいの大金。それだけの価値が認められたアドバイスだった

POINT 02

重要度と緊急度で考える

「仕事」とひと口に言っても、その質が均等なわけではありません。すべて均等・均質であれば、そもそも優先順位を決める必要がありません。具体的には、次の4つに分類できます。

①緊急度が高く、重要度も高い仕事　クレーム客が「社長を出せ」と店に乗りこんできた、海外から急に要人の訪問があった、商品をパッケージする機械が急にストップした、というような、今すぐに対処しなければならないこと。

②緊急度は低いけれど重要度は高い仕事　人材育成などのように、短い納期はないけれど、毎日取り組むべき仕事、商品知識を身につけるといった、スキルアップにつながる仕事は、つい先延ばしにしたり、「1日くらい休んでもいいや」となりがちなので要注意。

③重要度は低いけれど緊急な仕事　上司に頼まれた軽作業や、仕事以外なら花瓶を倒したとか、とにかく今すぐに処理しないとマズいこと。

④重要度も緊急度も低い仕事　資料・データの整理や部屋の配置換えなど。「時間があればやろう」と先送りしがちなので、時間を決めて断行するか、空き時間に手をつける。

優先順位を決める仕事の４つの分類

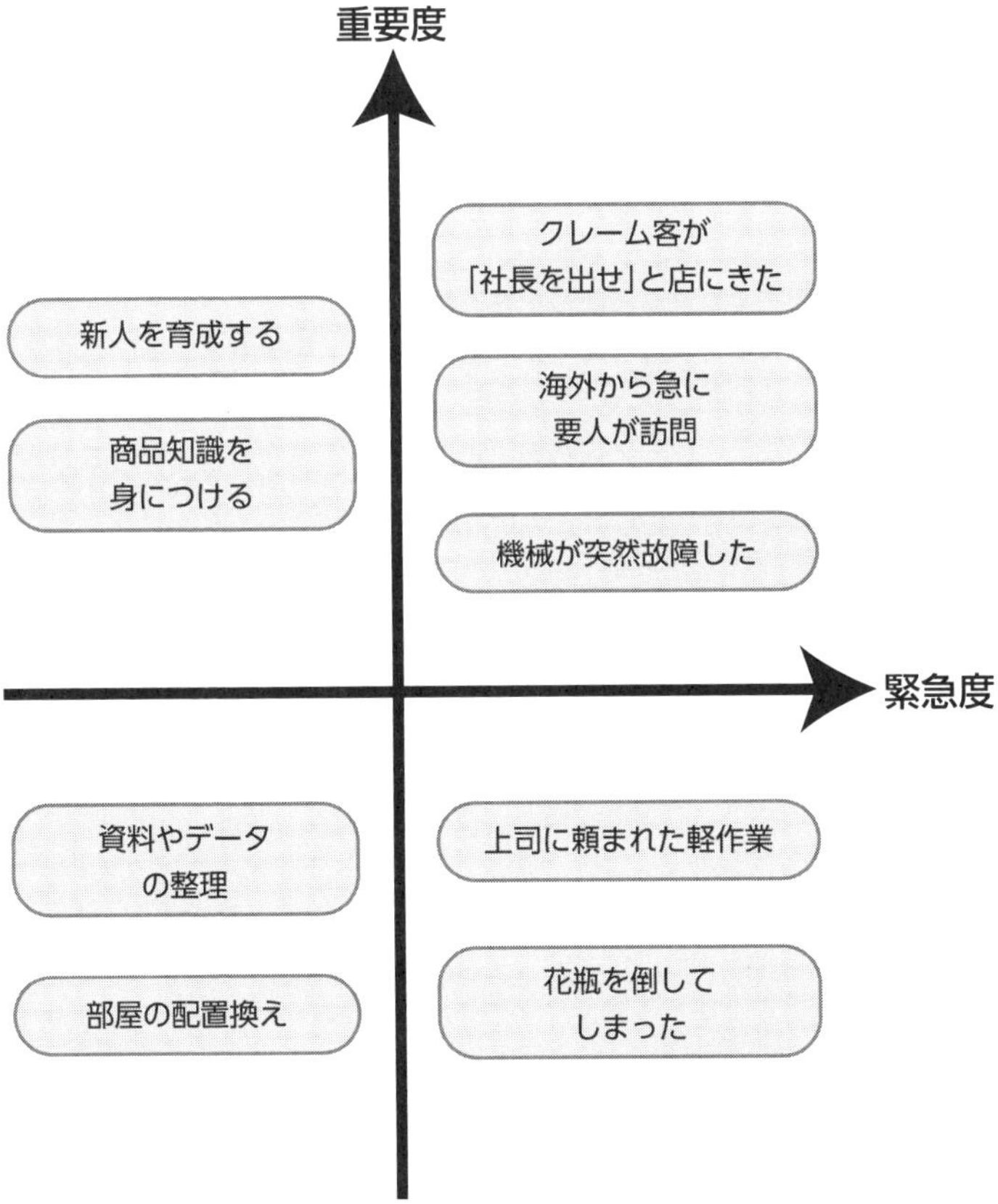

POINT 03

緊急度だけに目を向けない

仕事の優先順位の基本的な考え方は、先項でご説明した通りですが、「緊急度と重要度」を基準に優先順位をつけていくと、問題が発生します。

①の「緊急で重要な仕事」を優先順位1位にするのは、当たり前のことです。③「重要ではないけれど緊急の仕事」はやらざるを得ないもので、ほとんどの時間をこれに費やしている人もいるかもしれません。そうして①と③で時間が埋まり、②「緊急ではないけれど重要な仕事」に割く時間がなくなってしまうことが問題なのです。

他の項でも触れたように、「業務の改善」には、特に「いつまでに」という締め切りはありません。「時間ができたら挑戦したい」と心の中で温めている大きなプロジェクトもあることでしょう。そうした締め切りのない仕事は、なかなか本腰を入れられなかったり、いつまでも先送りされがちです。

ある企業では、朝イチのミーティングで必ず「納期はないものの重要度が高い仕事」を発表させて、仕事の質を高める努力をしています。好ましい取り組み方でしょう。下手をすると、2年後、3年後になっても、何もしていないなどとなりかねないからです。

「緊急ではない重要な仕事」にかける時間を増やす

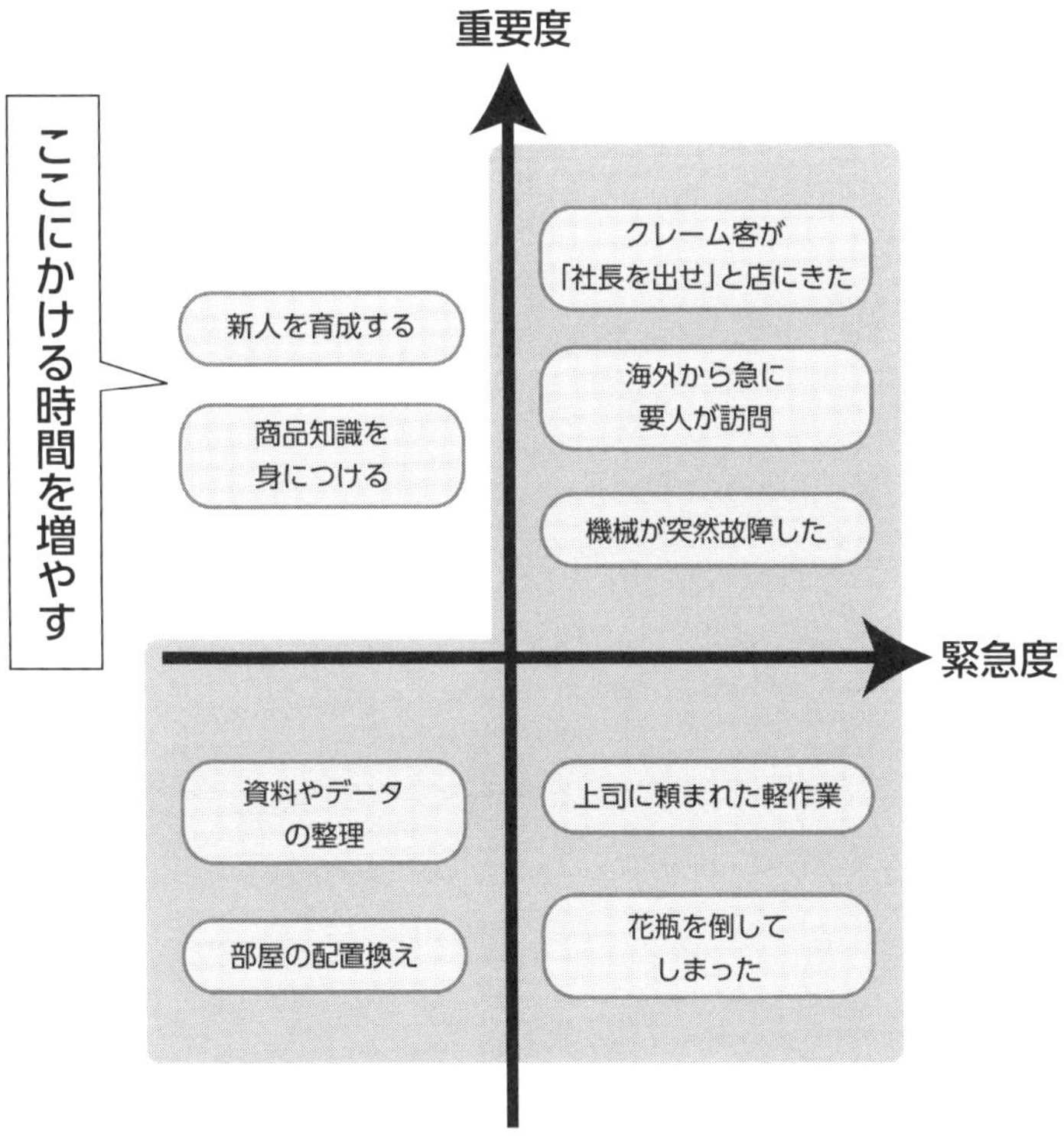

POINT 04

重要度の判断の仕方

先ほどご説明したように、通常は「緊急度」と「重要度」の2つが、仕事の優先度の決め手となる尺度です。どちらの仕事を先にしようかと迷ったら「緊急度」、つまり納期の迫った順に手をつける、というのはわかりやすいことでしょう。

わかりにくいのが「重要度」です。

重要度が低い仕事を「見切れる仕事」と呼びます。完成度はせいぜい80点、たたき台として使うものなら、場合によっては50点くらいのラフなできで十分という類のものです。そうでない、100パーセントの完成度が求められるのが「見切れない仕事」で、重要度の高い仕事となります。

見切れない仕事とは、「自分にしかできない仕事」や「関わる人が多い仕事」と言えます。反対に言えば、他人でもできる仕事なら、他人に任せることを考えるようにして、自分だけでほぼ完結する仕事であれば、過剰な完成度を求めないことが肝要です。

「見切れる仕事」はこれだ

1 80点の完成度でいい仕事

ラフなスケッチ程度の完成度でいいものに、時間をかけ過ぎていないか？

2 社内で完結するもの

すべてではないものの、
外部に出ないものの中には見切れる仕事が多くある

3 たたき台として使うもの

そこから話を煮詰めるために、まずは概略がわかればいい類の仕事

4 他人に任せられる仕事

あなた以外でも進められるもの。
ときには、途中からバトンタッチしてもＯＫ

5 ルーティンの作業的なもの

工場で製品をつくるのは別にして、
お決まりのものには見切れる仕事が少なくない

見切るとは「いい加減にやる」という意味ではなく、８割程度の完成度でいいもの。見切れる仕事に時間をかけ過ぎてしまうと、本来やるべき仕事＝見切れない仕事に時間を割けなくなる。そこまでやっても意味のない仕事はスパッと断ち切る

POINT 05

行動を一切しない「切り捨て」を導入する

「見切り」というのは、人に任せたり、手伝ってもらったり、完成度で言えば8割くらいのところでそれ以上はあえてしないようにする、仕事の効率化の手法のひとつでした。これをさらに進めていくと、はじめから行動しない「切り捨て」に至ります。

切り捨てるべき仕事を判断する際には、「定期的に行なっていること」を見直すことが重要です。以前は必要だったものも、今はどうなのかを一度見直してみるべきです。切り捨ててしまって問題がないようなら、やめてしまいましょう。

その基準として考えたいのは、「やめてしまってデメリットはないのか」。もしも一長一短あるようなら、その仕事は切り捨ててしまわずに、数や量を減らす「見切り」にします（詳しくは58ページ）。

その仕事をやめてデメリットがゼロ、もしくはゼロではなくても、圧倒的に「やめたほうがいい」という結論なら、やめて切り捨てましょう。

思いきって切り捨てることで、そこにかけていた時間がそのまま使えるのですから、時間を生み出す究極の方法と言えます。

ムダを判断するための５つの質問

1. その仕事に時間をかけ過ぎていないか？
2. その仕事に人手をかけ過ぎていないか？
3. その仕事にお金をかけ過ぎていないか？
4. その仕事に労力をかけ過ぎていないか？
5. その仕事に気をかけ過ぎていないか？

例：報告書や日報の作成

本当に役立ち、必要なものなら、続ける必要がある。しかし中には、「今までやっているから」というだけの理由で、毎日の時間ドロボーになっているものもある

POINT 06

自分の仕事を「7つの領域」に分類して全体把握する

あらためて「あなたはどんな仕事をしていますか？」と聞かれたら、何と答えますか？実は、この質問にパッと答えられるかどうかで、ダンドリのうまさが判断できます。

ダンドリ上手な人は「新人の育成と得意先の管理、他部門との折衝も多いかな」というようにスラスラと出てきます。これに対して、ダンドリ下手な人は「自分の仕事は営業」とか、「企画開発です」と、漠然とした捉え方をしがちです。

おかしなことですが、自分で自分の仕事の中身をはっきりつかんでいる人は、あまり多くはありません。名刺の肩書だけでは、仕事の中身を表わせてはいないのです。

仕事の優先順位づけをする上で真っ先にすべきなのは、自分の仕事の全体展望です。これは、自分の仕事はいったいどんな内容なのか、何をしているのかの把握からはじまります。「営業」とか「開発」、「課長」「部長」といった肩書ではなく、顧客管理、特許の申請、新商品の開発など、業務を具体的に7つの領域に分類することで、自分にとって重要な仕事がすぐにわかるようになります。そして、7つの領域に属さない仕事は基本的に優先度が低いのです。

業種の異なる相手に伝わるように、自分の仕事の中身を説明する

✕

「営業です」「企画です」「経理です」「課長です」

メーカーの販売部員の仕事の７つの領域

1. 販売スタッフ採用活動
2. 販売スタッフ育成（新人・既存）
3. 新商品等の普及活動
4. センター内業務（発注、商品管理）
5. 販売スタッフとのコミュニケーション
6. 外部専門家との連携
7. 販売スタッフが休みのときの代配

初対面の異業種の人に、自分の仕事を説明するつもりでやってみる。専門用語や業界用語が使えないので、わかりやすい言い方になる

POINT 07

同じ領域の中で優先順位をつける

自分のしている仕事を7つに分類することのメリットは、同じ領域の中であれば、優先順位がつけやすくなることです。

たとえば、7つの領域うちのひとつに「他部門との折衝」があったとします。折衝という領域で比較すると、

「自分は今、営業をしているけれど、今回の商品開発部との折衝は価格がらみで重要度は高い」

「経営企画部との折衝は定例に近いから、今回は商品開発部との話し合いを優先しよう」

「顧客としては、頻度、金額ともにA社を他よりも優先させるべき」

という具合に、優先順位が容易に決められます。

しかし、違う領域のものと比べようとすると、「家庭と仕事とどちらが大事?」という問いのようになり、優先順位がつけにくくなります。

まずはあなたの仕事を7つの領域に分類することで、優先順位づけがグーンと楽になります。

営業マネージャーの「７つの領域」

どちらの領域も重要なので、比較しづらい

1. 顧客管理
2. 他部門との折衝
3. 部署の目標管理
4. 新規開拓
5. 新人の同行指導
6. 在庫管理
7. 市場管理

「経営企画部との折衝は定例に近いから、今回は商品開発部との話し合いを優先しよう」と判断しやすい

領域ごとに、さらにどんな仕事を行なっているのかをしっかり説明できるように把握しておく必要がある。自分がどんな仕事をしているのかを理解すると、優先順位はつけやすくなる

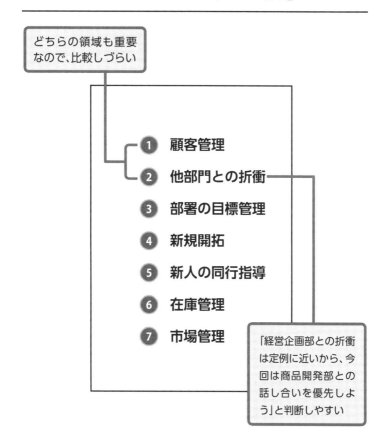

POINT 08

仕事の領域は細かく具体的にする

７つの領域を考える際に注意が必要なのは、「大きなくくり」にしないこと。できる限り具体的に、大枠でない表現をしましょう。

悪い例が「安全」「信用」「人材育成」といった、大き過ぎるくくりです。たしかに安全も信用も人材育成も大切ですが、どれも欠かせないものなので、優先順位のつけようがありません。

では、領域としては、どのように表わせばいいのでしょうか？

仮に「安全」なら、**実現のために何をしているのか**、たとえば「終業後の設備点検」と書きます。

「信用」なら、信用を築くためにどうしているのか？「月２回のユーザーへの定期訪問」などと表わします。「信用」よりも、ずっと具体的でしょう。

では、「人材育成」ではどうなるでしょうか？「平成生まれの部下をＯＪＴで指導」というように表現します（「終業後」「月２回」「平成生まれの部下」という表現は必ずしも必要ではありません）。

７つの領域は具体的に

NG		OK
「安全」 「信用」 「人材育成」 ⋮	➡	「設備点検」 「ユーザーへの定期訪問」 「OJT で部下指導」 ⋮

このように表現すると、同じ領域の中で、
優先度がわかりやすい

「ユーザーへの定期訪問」

➡「C社さんからは大量の受注があり、しかもまだ間がないから、他より優先して訪問したほうがいい」

「ＯＪＴで部下指導」

➡「商品知識やマナーが身についていないＡ君を重点的に指導しよう。Bさんはかなりできるから、次回は軽くていい」といった具合に判断できる

オススメは、７つの領域を書いて「見える化」したなら、声に出して読み上げてみること。読むことで自分の耳で再確認もでき、結果として自分の仕事の全体がよくわかる

POINT 09

7つの領域は常に最新バージョンにしておく

7つの領域は、不変のものではありません。

営業職の人なら、仕事の領域は「新規開拓、顧客管理、商品知識の習得……」から、「スタッフ管理、部下指導、本社とのコミュニケーション……」などと変わっていくものでしょう。現場からマネジメント的に領域が変化していきます。

また、市場環境の変化に合わせて、自分の仕事の領域を変えざるを得ないこともあるはずです。

私も常に最新版にして、月に1回は自分の仕事を読み上げています。

数年前は「①企業内研修、②公開コース、③講演会、④著書執筆、⑤雑誌執筆、⑥情報収集、⑦経営管理」としていたのが、今では「①講演会、②研修活動、③著書執筆、④教材の開発、⑤代理講師の育成、⑥著者の指導・教育、⑦自己啓発」となっています。

自分のことだけでなく、後輩の指導・育成に重点がシフトしてきました。またそのために、自己啓発で自分を磨き高めることも重要な仕事になっています。ポイントは「常に最新バージョン」を考えるということです。

筆者の仕事の７つの領域

数年前

1. 企業内研修
2. 公開コース
3. 講演会
4. 著書執筆
5. 雑誌執筆
6. 情報収集
7. 経営管理

現在

1. 講演会
2. 研修活動
3. 著書執筆
4. 教材の開発
5. 代理講師の育成
6. 著者の指導・教育
7. 自己啓発

POINT 10

仕事を見切る・切り捨てる際の注意点

仕事を見切ったり切り捨てたりする際の注意点は、一見するとムダに見えることであっても、無用の用（一見ムダに見えるが実は必要なもの）かもしれないので、少しのデメリットがあるからと言って、すぐに切り捨ての対象にしてはならないということです。

たとえば、私の研修でよく取り上げるのが、朝礼について。切り捨てるか否か、意見の分かれるところで、毎日だったのを隔日にしたり、廃止する企業も少なくありません。

「情報の伝達」を目的にするなら、時間の損失というデメリットは大きく、「メールで十分」と考えるのも一理あります。一方、朝礼でメンバーが顔を合わせると一体感が出ますし、顔色や態度を見ることで、その日の体調や悩みがあるかどうかといった調子をつかむこともできます。コミュニケーションが仕事の大半だったり、集団のダイナミクス、人の力を合わせることを重んじる会社では、朝礼を存続させているケースは多いのです。

不慣れなスタッフが多い職場なら、朝礼で顔を合わせることは重要な仕事でしょうし、ベテランの多い職場なら、他に優先すべき仕事があるかもしれません。職場の特性や価値観、メリットとデメリットから、総合的に判断することが必要です。

「一見すると不要な仕事」に対する５つの質問

1. なぜ、その仕事が発生したのか？　「必要性」「必然性」を自分が知らないだけではないか？
2. やめることで、仕事の成果が下がる可能性はないか？
3. やめることで、自分やチームのモチベーションが下がることはないか？
4. 譲れない自分のこだわり、流儀によるものではないか？
5. いったん止めて、次に必要になった場合、スムーズに再開できるか？

仕事には「隠れたメリット」があることも少なくない。直接的な効率・利益だけで継続・廃止を判断しない

スケジューリングの基本

Chapter 3

POINT 01

ダンドリはシンプルを心がける

ダンドリを含めた仕事術の目的は、仕事を効率化することにあります。仕事の手順を考えるのも、代替案を考えてスケジュールを立てるのも、目的は効率的に仕事をすることにあります。

にもかかわらず、陥りがちなのは、複雑にし過ぎることです。

たとえば、仕事のTO DOリスト。1日にすることをすべて書き出すとなると、時間がかかり過ぎてしまいます。リストの作成自体が仕事ではないので、使いやすいシンプルな状態にしなければなりません。

シンプルにしないと、それを確認する作業に時間、労力をとられてしまいます。私たちの仕事のエネルギーは、本来するべきことに集中して向けられるべきもの。いたずらに複雑にしてしまうと、その管理にばかり時間をとられてしまいます。

TO DOリストに限りません。あまりにも形式にとらわれると、なかなかシンプルになりにくいものです。どうしたら、もっと効率的にできるか創意工夫をすること。もっともっと、シンプルにするのです。

実行・継続しづらいものはNG

POINT 02

何にどれだけ時間をかけているか、分析する

何にどのくらいの時間をかけているのかを分析することをタイムスタディと呼びます。ダンドリよく仕事を進めるために、スケジュールを立てる前に、まず自分が何にどれだけの時間を使っているかを熟知する必要があります。たとえば、自分の通勤時間を把握しているでしょうか。「電車で40分ぐらい」というラフなとらえ方ではありませんか？

睡眠時間の平日の平均値を知っていますか？　だいたいではなく、分単位ではどうでしょうか。1日24時間あるとはいうものの、睡眠、休息、食事などの時間を差し引くと、思ったよりも使える時間の少ないことに驚くはずです。

①時間が足りないものはないか？　一般には、運動の時間、勉強する時間がとれていない人が多いのです。十分にとるべきところに時間がとれているかを、しっかり分析してつかみましょう。

②時間を取り過ぎていることがないか？　テレビ、ゲーム、インターネット、SNS系に必要以上に時間を費やしている人が多くいます。そのうちの何分の一かを他に振り分けたなら、バランスよく時間が使えるはずです。

タイムスタディの２大ポイント

①時間をかけ過ぎていないか？

プライベート	仕事
インターネット	会議
テレビゲーム	人探し
テレビ	ファイル探し
長電話	連絡待ち

②時間が不十分ではないか？

プライベート	仕事
勉強	根回し
運動	コミュニケーション
家族との会話	資格試験

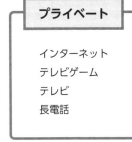

POINT 03

仕事の所要時間を見積もる

今抱えている仕事が、どのくらいの時間で完成するのかを正確に見積もる力があるほど、ダンドリがしやすくなります。

「自分の仕事は、着手してみないとわからないものが多い」と言う人もいるかもしれませんが、まず、「いつからスタートさせたか」をはっきりさせることからはじめましょう。

さらに、「終わった日」もはっきりさせます。納期が決まっていれば、終わりはわかりそうなものですが、納期と「実際にいつ終わったか」は必ずしも一致しないので、しっかり記録します。

「いつスタートさせたのか」と「実際に終わったのはいつか」がわかれば、その仕事に何日費やしたかがはっきりします。こうすることで、類似の仕事に取り組む際に、所用時間を予測する参考になります。

納期は手帳に書いていても、開始日と実際の終了日は書いていない人が多いものです。ダンドリ上手な人ほど、「あの仕事に何日かかったか」を正確につかんでいる傾向があります。時間に対する感覚を高めていきましょう。

まず、仕事のスタートをはっきりさせる

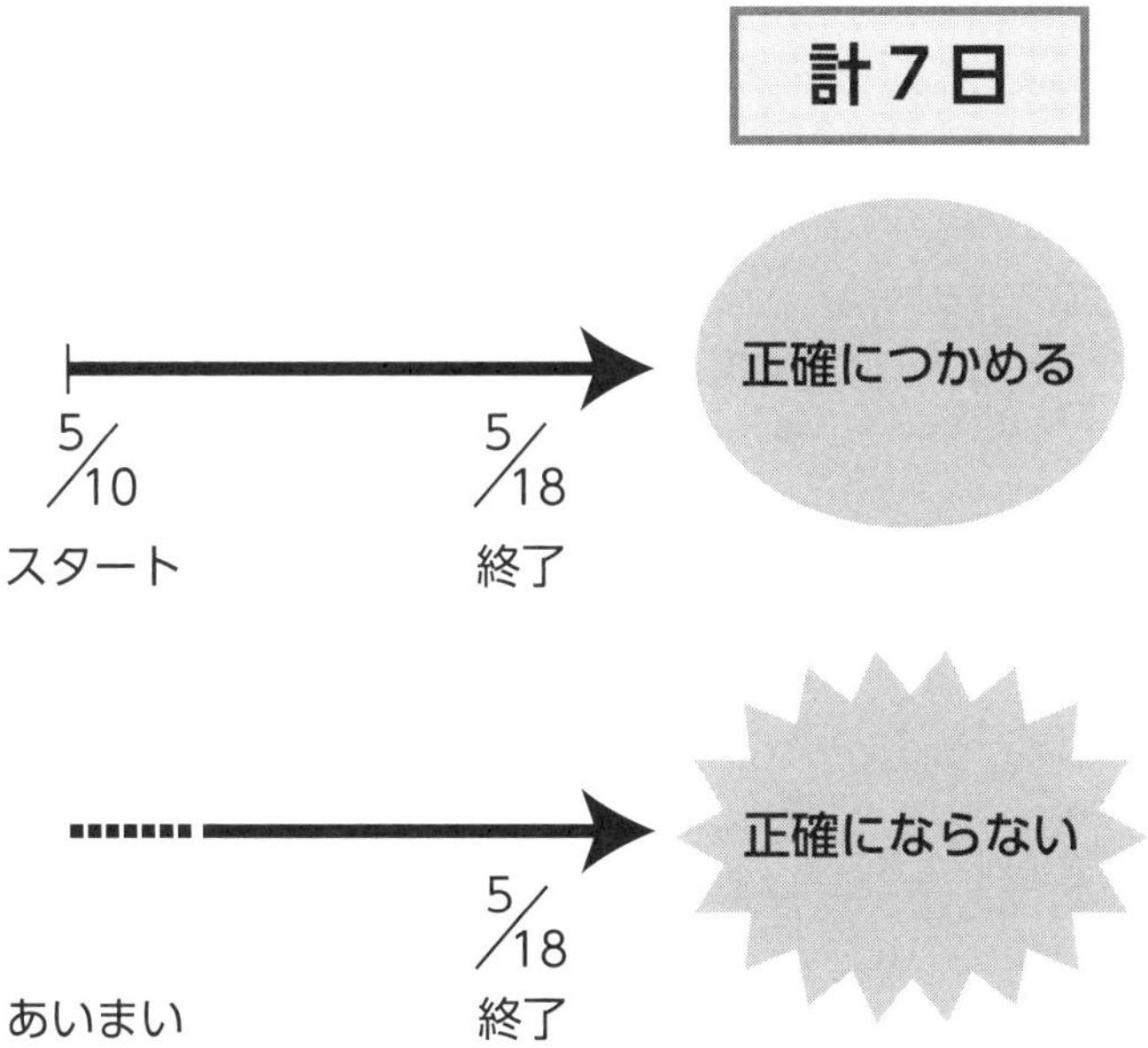

複数並行して仕事をしている時は、特にスタートがあいまいになりがち。
スタートが見てわかるように一覧表にしておく

POINT 04

仕事の所要時間がわからない時はどうする？

「こんな仕事を頼まれたけど、どのくらいの時間で終わるのか、見当がつかない」ということはありませんか？

手慣れた、回数多くやっている仕事なら、所要時間はかなり正確に出るもの。場合によっては、分単位でわかるでしょう。私もよく知っている分野の執筆なら、文字数や時間をかなり正確に予測できます。ところが、はじめての仕事、慣れていない分野だと、途端に読めなくなります。

特に、割り込み仕事、頼まれ仕事の所要時間は読みづらいものです。すると、次のスケジュールを入れられず、ダンドリがうまくできなくなります。

完璧に見積もることはできないにしても、「どれだけ時間がかかるかわからない」という状態がずっと続くようでは、仕事の効率は上がりません。

まず、上司や、その仕事の経験者に聞いたり、過去の似た仕事と比べてみることで、目安をつかみましょう。特に数日から数ヶ月かかる長期の仕事は正確に予測しにくいものです。細かく分割してそれぞれを見積もることで、所要時間がつかみやすくなります。

仕事の所要時間の見積もり方

1 経験者に聞く

手っ取り早い方法。ただし、日頃のコミュニケーションをよくしておかないと、教えてくれなかったり、いい加減に答えられてしまう

2 上司に聞く

相手が上司ならあなたの力量がわかっているため、だいたいを予測して答えてくれる

3 過去の似た仕事と比べてみる

対比させて予測してみる

4 分割して予測する

特に１日以上かかる仕事は正確に予測しにくいので、細かく分割してそれぞれを見積もる

数時間や数日では終わらない、長期にわたる仕事の場合、所要時間の見積もりが難しい。そんな時は仕事全体をいくつかのブロックに分けて予測する

POINT 05

予測より早く終わった時こそ反省、分析する

仕事が、あなたの見積もりよりも早く終わったことはありませんか？

もちろん、ダンドリが不十分だと大幅に遅れることは多くあります。不完全な仕事による二度手間三度手間、長い待たされ時間……さまざまな理由で遅れが生じると、次は繰り返さないように、原因を分析して反省するものです。

ところが、自分の予測より早く終わった場合はどうでしょうか？　2時間はかかると思ったら、1時間少しで終わった。こんな場合、「ラッキー」ですませていませんか？　早く終わるのは、遅いよりはよくても、所要時間の予測にズレがあることには変わりません。そのままにしておくと、いつまでたっても正確な予測ができないのです。

むしろ、早く終わった時こそ、仕事の所要時間を正しく把握するチャンスです。どんな部分に時間がかかると読んだのか？　なぜ早く終わったのか？　と分析して、次回につないでいきましょう。まとまった仕事では、だいたいの所要時間を見積もる癖をつけましょう。そのあと、実際にかかった時間との差をチェックするのです。一番いけないのは、まったく予測がつかない状態です。次のスケジュールの組みようがないからです。

うまくいった時こそ分析して、次に活かす

予測オーバーなら

なぜ遅くなったのか？
反省、分析する

予測より早いと……

ラッキー！
じゃ、次の仕事しよう
と振り返りナシ

NG

POINT 06

仕事全体を把握する一覧表をつくる

締め切りのある仕事がいくつあるのか、それぞれがどの程度進んでいるのか、を自分自身できちんとつかむことができているでしょうか？

仕事は、ひとつが完全に終わってから次に着手するのではなく、複数のことが同時に進行しているものです。当然、締め切りもそれぞれ異なるのが一般的です。

抱えている仕事の数・量が増えるにつれて、それぞれの仕事の進捗状況が把握しづらくなり、締め切りをうっかり忘れるといったミスも生まれます。わかっているつもりで終わらせず、一覧表にして見える化し、常に見返すのが最良の方法です。

20年以上前、ある編集者の方が、書籍の制作の進捗状況を一覧表示したものを自作していました。著者に執筆依頼したところからはじまり、最後に印刷所に出す日にちまで、複数の本の進行状況が一覧できました。

1日で終わる仕事が多いのなら、わざわざ一覧表にしなくても事足りるかもしれません。しかし、書籍の制作のように、同様の工程がいくつも並行していて、それぞれの仕事が1日で終わらず、何週間、何ヶ月と続く場合には、一覧できるようにすると効果的です。

並行している仕事の進行を一覧できるようにする

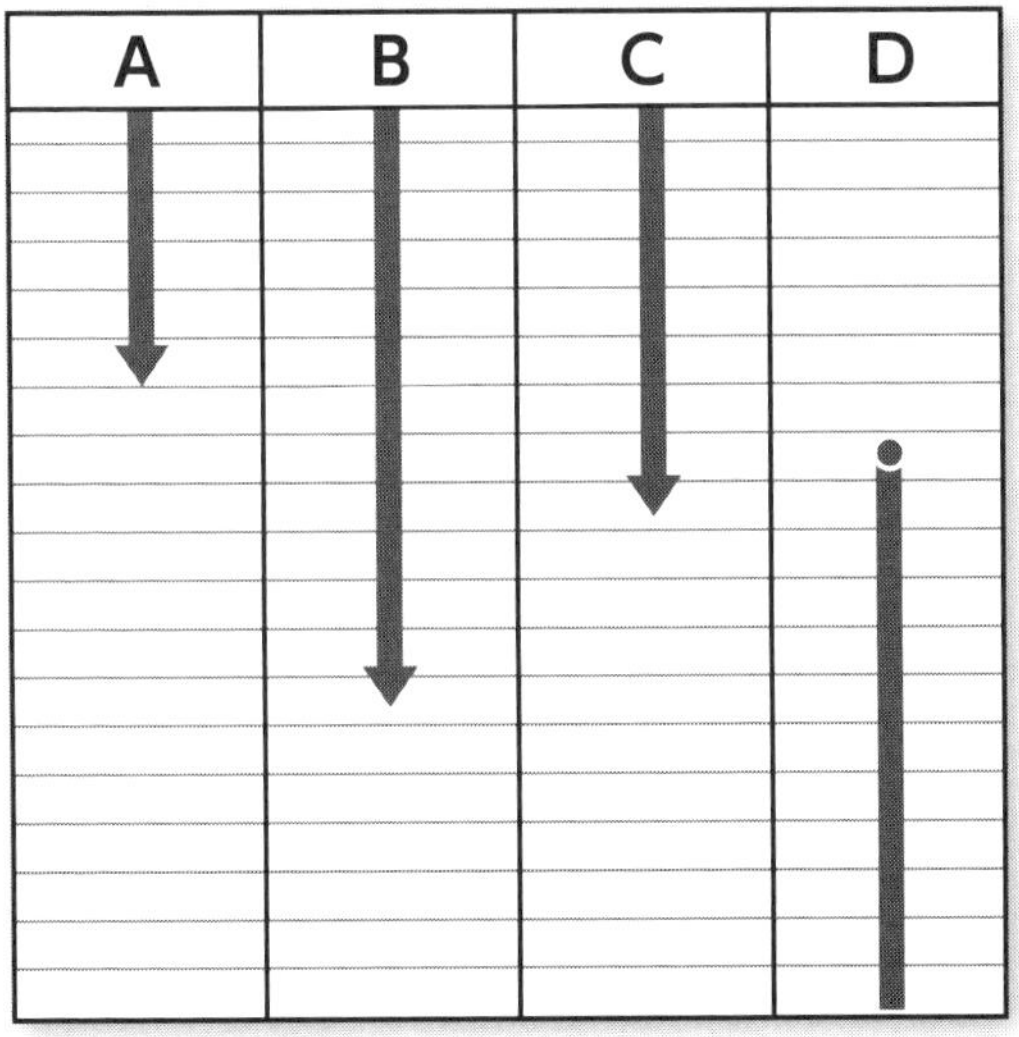

表にすれば、大きい仕事をいくつ抱えているのかがはっきりする。その際、特に大切なのがスタートした日にち。3日前からはじめたもの、すでに1週間経過、1ヶ月経過という流れがひと目でわかる

POINT 07

そもそも、使える時間はどれほどあるのか？

仕事には、日時が決まっていて自分では簡単に変更できない種類のものと、自分の裁量で日時を決められるものとがあります。

前者の例としては、「定例会議への参加」などが当てはまります。自身が経営者だったり、よほど偉い立場にあれば、自分の都合で日時を決めることもできるでしょうが、多くは自分の自由にはならないでしょう。あるいは、上司の指示で営業に行く時間が決められていたり、新人のうちは先輩に同行して他社を訪問、と決められるのも同じです。

製造業で品質管理を担当する人なども、工場の作業時間、内容が決められている場合がほとんどでしょう。決められた作業が多く、あまり自分で裁量する幅はないのです。

これに対して、自営業の人や、会社員であっても自由業に近い人、また、役職が上の人ほど、比較的自由裁量の拘束されない時間が増え、自分でスケジュールを組むことが容易です。

仕事のスケジュールを考える前に、自分の裁量で決められる時間、ブッキングされていない時間がどのくらいあるのかを、まず意識しましょう。

自由に動ける日はどれくらいある？

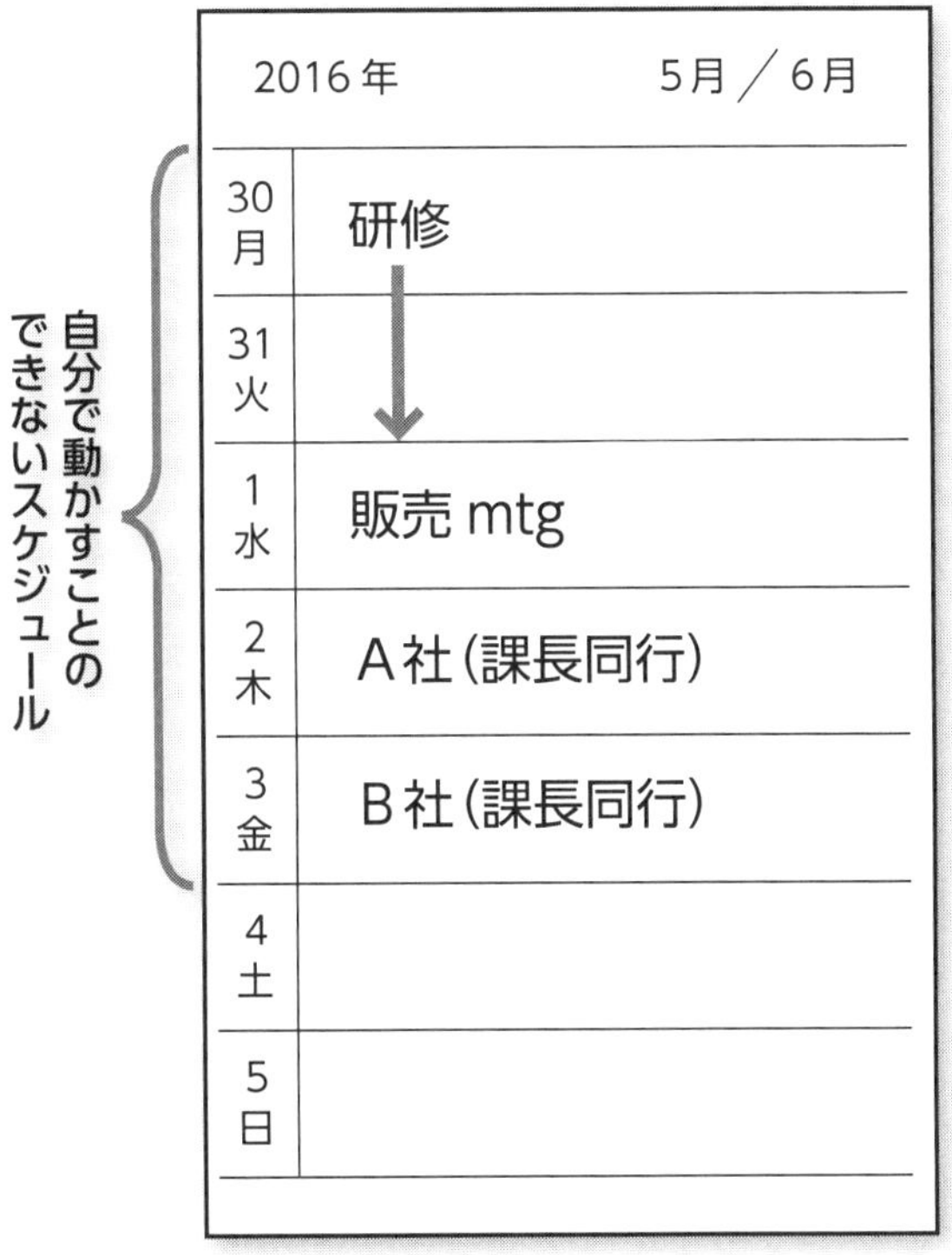

一般的に、新人ほどスケジュールは自由に決められないもの。
ある程度の経験を積んでこそ、自分の裁量で動けるようになる

POINT 08

スケジュールは「年間→月間→週間」の順に考える

仕事の中には、前年から決まっている社内イベント・行事の類や、定例会議など、早くから日程が定まっているものがあります。また、「隔月の第三日曜は接待ゴルフ」といったものも動かせないスケジュールに入るでしょう。翌年の主だった年間スケジュールで日にちが動かせないもの、定まっているものは、まず確実に押さえておきます。

年間全体を眺めて、あらかじめ忙しくなるのがわかっている月、たとえば決算期の前月の下旬あたりは、なるべく他の予定を入れないようにスケジュールを組みます。

次に、月間へと視点を移します。月の中で、いわゆる510日（ごとう日）に、忙しくなることがわかっているなら、その日・その週にアポが集中しないようにしておきます。

最後に、週間へと落とし込みます。

全体のイメージとしては、まず年単位で「動かせない、定まった」日にちを確保しておいて、忙しいことが予想できる月には、極力、新しいスケジュールを入れないように心がけます。同様に、月単位で眺めてみて、動かせないスケジュールは、年間から見て再チェック。さらに同じ要領で繁忙週にはブランクを多くして、余裕を持たせておくのです。

俯瞰することで、繁閑の差を調整できる

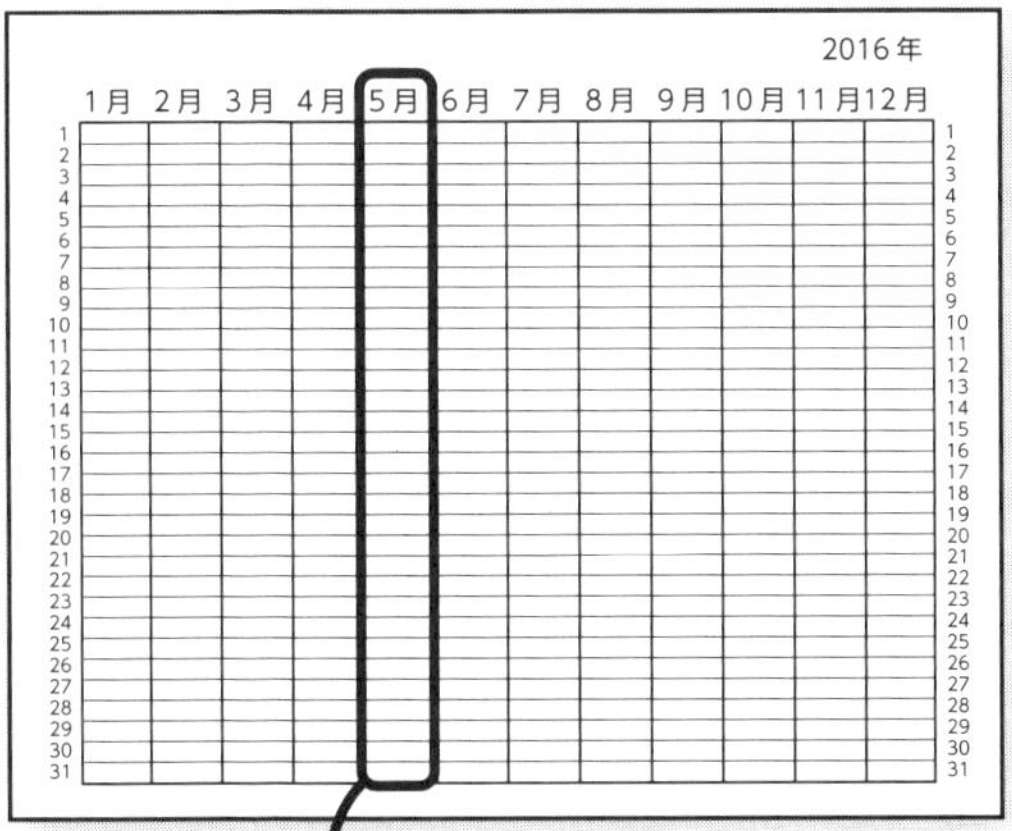

1 年間行事、あらかじめ忙しくなるのがわかっている時期を把握する

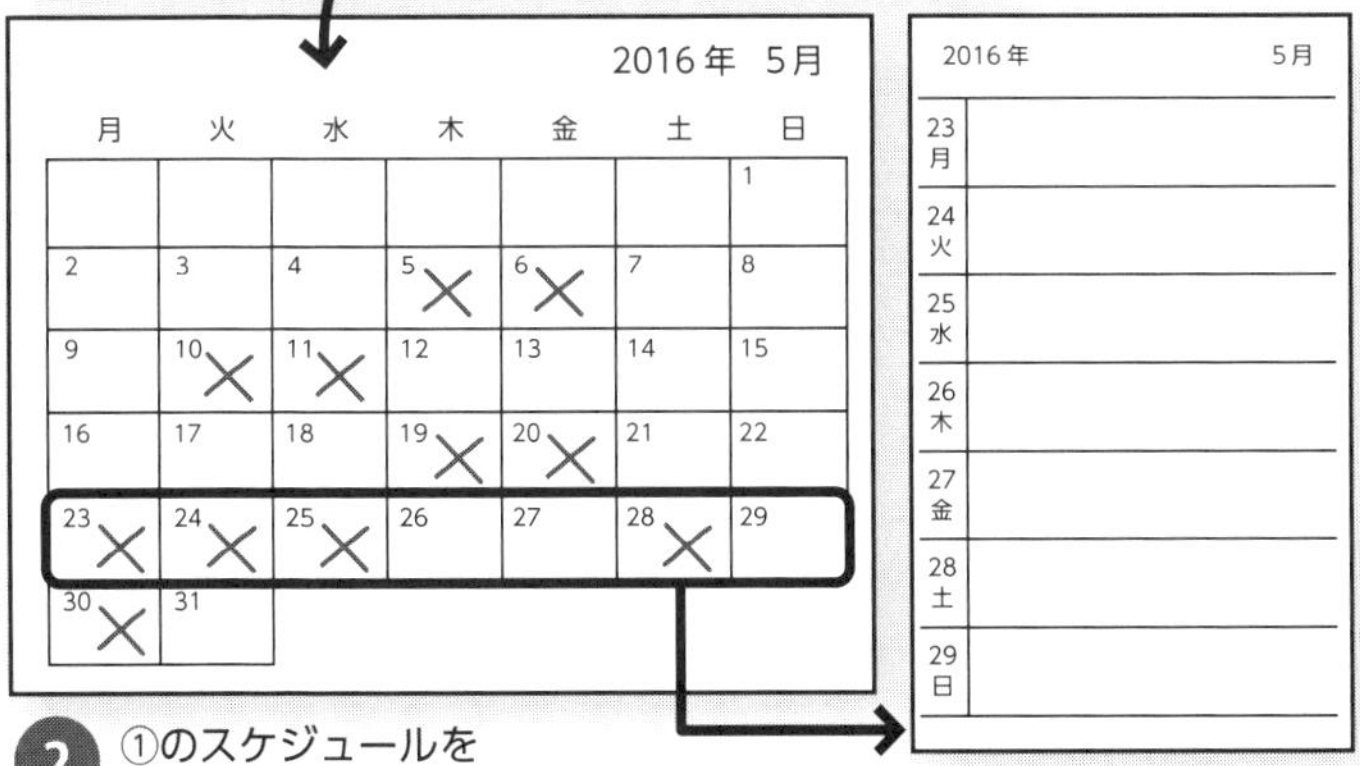

2 ①のスケジュールを月間に落とし込んだ上で、その月の忙しい日を埋める

3 ②をもとに、週間のスケジュールを組む。忙しい週なら、新たなアポを入れるのを避けて、別の週に回すなど、調整する

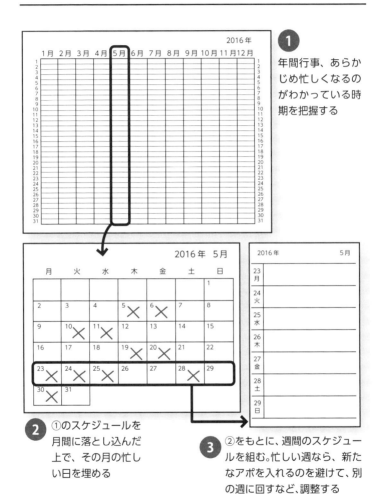

残業しない
スケジューリング
のコツ

Chapter 4

POINT 01

仕事のリストは「長期・週間・スキマ」の3種類

時間活用の研修をしていると、「TO DOリストは書いている」という人は非常に多くいます。そのほとんどが「その日にやるべきことのリスト」で、締め切りの迫っている重要な仕事の一部や、その日のうちに連絡すべき相手や、会議のように決まっていて動かせない仕事など、さまざまなタスクが混在しています。つまり、何を書くかという基準は特になく、その日にするべきことを書いているということです。

打ち合わせや会議などの予定は誰でも手帳に書き込むでしょうが、それだけでなく、私は、仕事のリストは3種類持つことを提唱しています。

ひとつは、「その週にやるべきこと」のリストです。2つ目は、15分程度でできるような「スキマ時間専用」の、急に時間が空いたときにするべきことをまとめたリストです。3つ目は、長期のプロジェクトのような、時間のかかることをまとめたリストです。

その週のリストしかつくっていないと、毎日「プロジェクトA」「プロジェクトC」などと同じことを書くはめになります。なお、このリストには、「30%」「70%」など大まかな進捗状況も書いておくといいでしょう（88、90ページ参照）。

仕事の３種類のリスト

長期

週をまたぐ仕事、数ヶ月かかる中長期の仕事は、専用のリストをつくって管理。進捗状況がわかるようにしておく

週間

長くてもその週のうちに完結する仕事を書く。その週にある大きなイベントや、重要なプレゼン、訪問などを忘れないように、意識に留めるためにも書いておく

スキマ

「電池を買う」「本を買う」「礼状を書く」「報告書のフォーマットを微調整」など、特に頭を使わず短時間ですむこと、翌日以降に持ち越しても問題のないタスクを書いておき、いつ生じるかわからないスキマ時間に備える。終了したタスクは消し、新たに発生したタスクを追加し、最新バージョンを持ち歩く

リストの数が増えると書くのに時間がかかり、管理が大変なので、３種類以下がおすすめ

POINT 02

仕事を1週間単位でとらえる

スケジュールを1週間単位で考えると、仕事のダンドリがしやすくなります。

①優先度の高い仕事から目が向くようになる　毎日のスケジュールを朝から晩までぎっしりと固める人もいるでしょう。ただ、細かくしすぎると、会食やらメールチェックのレベルまで書くことになり、面倒です。しかし、1週間のスパンにすれば、何日にもわたる仕事も入りますし、本当にやるべき仕事が何かがつかめます。

②1週間単位での調整が可能　万が一、その日に終わらなくても、その週のうちに調整して終わらせればいいと考えたら楽でしょう。安心して仕事に取り組めます。以前フランスの手帳会社で研修をしたところ、彼らの手帳は1年を52週で把握するやり方で、本国とのやり取りでは「31週の木曜日」といったアポのとり方をしているとのこと。週間単位で動くので、私たちには長期に見えるバカンスも長く感じないのかもしれません。

③仕事を全体展望できる　今日の仕事のみに目を向けるのではなく、1週間単位で見ることで、それぞれの仕事の内容を把握しやすく、時間的にも俯瞰しやすくなります。

「この週の主な仕事は何か？」いつでも把握できる状態にしておく

POINT 03

ブランクをあえてスケジュールに盛り込む

仕事には余白の時間が必要です。多くの人は、進めている仕事が一段落ついたからブランクの時間、という感じでしょう。多くの研修受講者を見てきてそう思います。

しかし、それでは受動的ではありませんか？　仕事をサクサクと進めたいなら、ブランクの時間をあらかじめ取っておくことが大切です。「いつ空くかわからない」ではなく、「木曜日の午後2時から20分はブランク時間」として設けておくのです。通常の特別なアポや仕事が入っていない時間とはっきり区別しておきましょう。

私の場合、手帳にブランクの「B」とはっきり記していて、1日に2回くらいは「B」マークを入れるようにしています。

この時間は、ボーッと休んでもいいし、人生を見つめ直す、遅れていた仕事をする、行動計画の見直し、あるいは頼まれ仕事に集中するなど、使い途は自由です。いわば、仕事の調整、仕切り直しの時間と思ってください。

スケジュールは変更がつきもの。ブランクタイムを盛り込むことで、より実践的なダンドリができます。

ブランクはあらかじめ入れておく

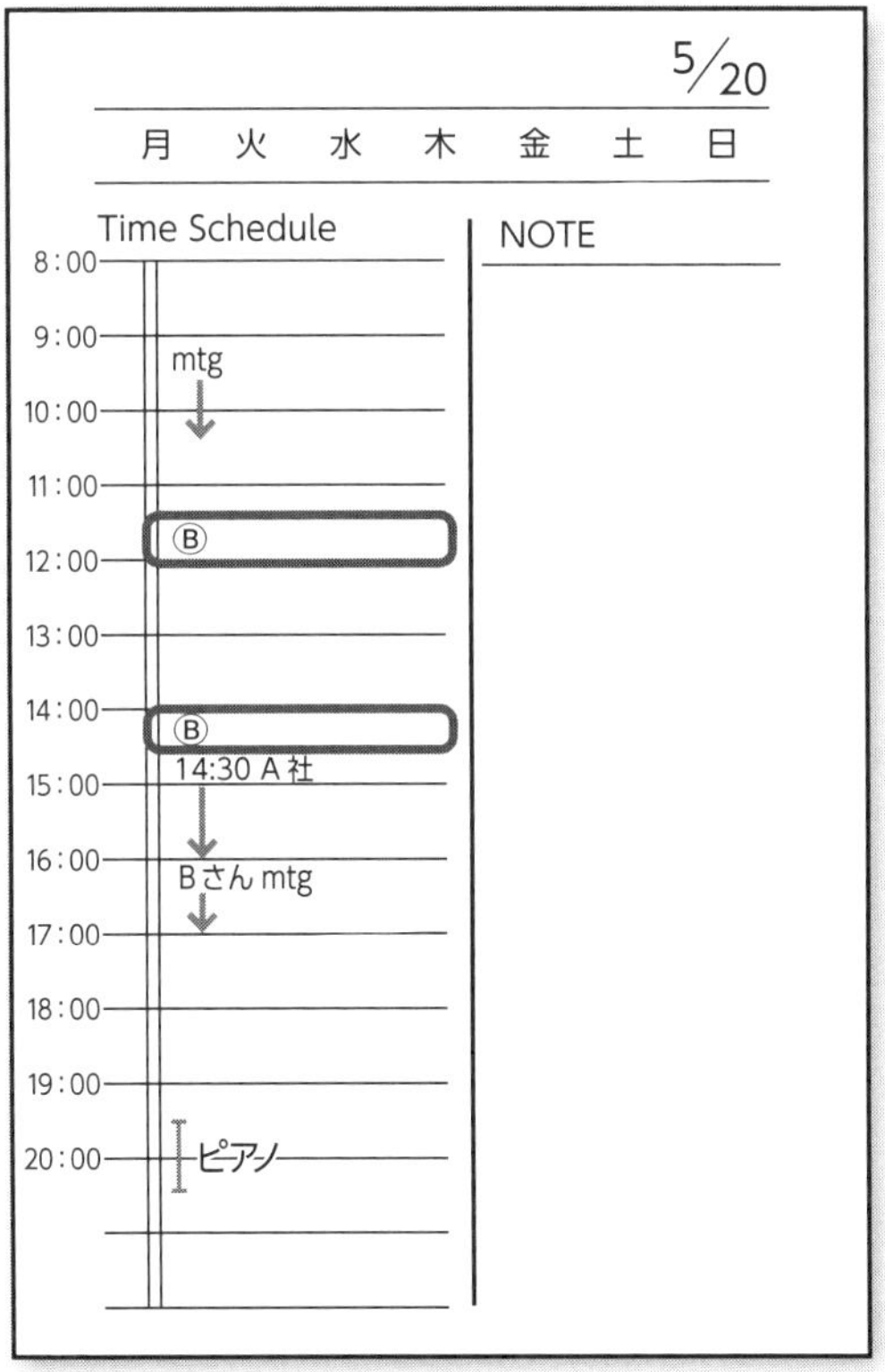

POINT 04

締め切りは二段構えで設定する

ダンドリよく仕事を進めるためには、常に「前倒し」を意識しましょう。前倒しで有効なのは、締め切りを二段構えで設けておくことです。

絶対に延ばせない締め切りが来週の金曜日なら、木曜の午前を締め切りに仕事を進めていくようなやり方です。目覚まし時計の針を5分進めておくようなもので、心にも余裕が持てます。

ただし、「これは前倒しの仮の締め切りなのだ」と考えていると、結果、慌てることにもなりかねません。ですから、二段構えにしますが、仮の締め切りを本物と思って早く仕事を仕上げましょう。1日なら、特別なスケジュールがない限り、午前を中心に仕事を進めるのがいいのです。常に前半主義で仕事をしましょう。

ダンドリ上手な人は、スケジュールを1週間単位でとらえていると前述しました。1週間単位で考える場合も、水曜日、遅くとも木曜日には、その週のノルマを達成するように努力します。効率化の手段をあらゆる角度から考え、実行しています。

本当の締め切りの前に「自分締め切り」を設ける

2016年	5月／6月
30 月	
31 火	
1 水	
2 木	AM：報告書〆
3 金	報告書〆
4 土	
5 日	

前倒し主義・前半主義が、ダンドリ力アップの秘訣

POINT 05

長期の仕事は現在地がわかるようにする

数週間、数ヶ月と時間のかかる長期の仕事に取り組む際には、「現在地」がわからないままに進めてはいけません。

「今、何の仕事をしているのか？」「この作業は全体から見たらどの部分なのか？」これを理解しないままに仕事をしては、全体像を見失い、迷子になりかねません。何より、モチベーションにも影響します。

富士山に登る場合も、今、どこまで登ってきたのかがはっきりしていればこそ、その後の計画も立ちますし、やる気にもなります。今五合目、七合目までできたというのは、長期の仕事を進めるのと似ています。

さらに言えば、チームで一つのプロジェクトを進めるのでも、現在地を知ること。つまりチームメンバー各自の進捗状況を全員が把握していないとマズイでしょう。特に上司・リーダーには、メンバー毎の進捗状況を知っておくのは必須といえましょう。

長期の仕事を進める場合は、現在地をわかりやすく一覧できるような、見える化の工夫も欠かせません。

全体スケジュールと作業一覧を貼り出す

全体スケジュール

5月		
	✓1	
	✓2	
	✓3	
	✓4	ミーティング
	5	
	6	
	7	
	8	
	9	
	10	
	11	
	12	
	13	
	14	
	15	中間報告
	16	
	17	
	18	
	19	
	20	

作業一覧

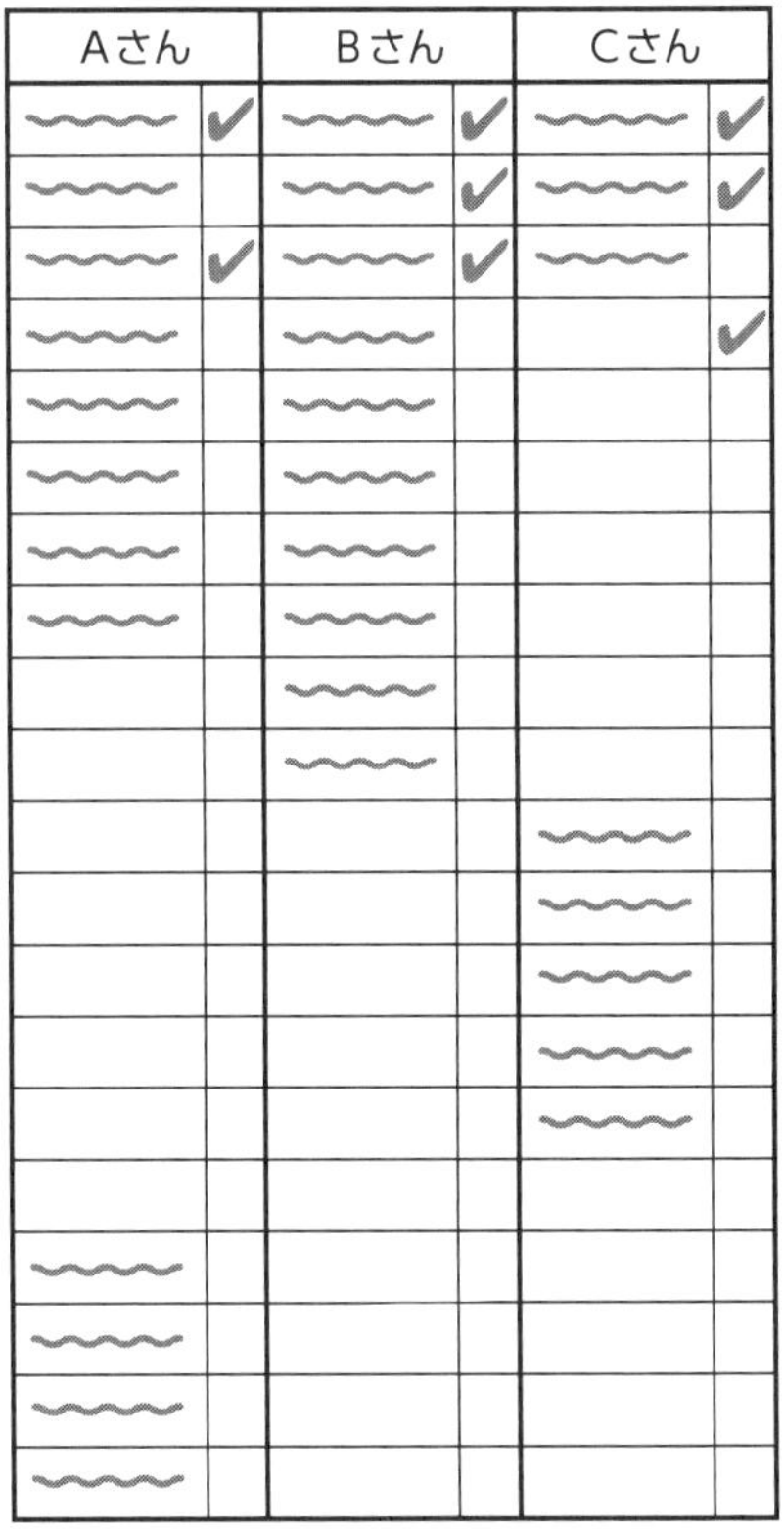

ある期間のうちにやっておくべきことを書き出しておき、終了した作業にェックを入れると、終わったことがひと目でわかる

POINT 06

長期の仕事ではマイルストーンを記入しておく

72ページで、本の編集者の仕事の進め方を紹介しました。この人は「スタート」（著者への執筆依頼）と「ゴール」（最終的な印刷段階）だけを記入していたのではなく、要所となる中間地点もいくつか書き記していました。

「著者に依頼したところからはじまって、最後に印刷工場に出す日にち。その間に初校ゲラ、再校ゲラの完成日というように、一里塚方式で書いたんです」と言われ、手帳を見せてもらうと、細長くて市販の手帳のフォームでは間に合わず、紙を貼り合わせた手づくりのものでした。20年以上前の話なので「一里塚」と言っていましたが、言い換えるとマイルストーン、要所要所の目安です。

1冊の本をダンドリよく仕上げるためには、絶対に遅れてはならない重要なポイントがいくつかあります。予定通りに進まないことがあるのは織り込んでおくとしても、どこかで挽回して、Aポイント、Bポイントといったマイルストーンには、予定通りにたどり着くようにするのです。仕事の期間が長くなるほど、マイルストーンの数は多く必要です。場合によっては、サブ・マイルストーンを設けるのも一案です。

マイルストーンは１～２ヶ所設定しておく

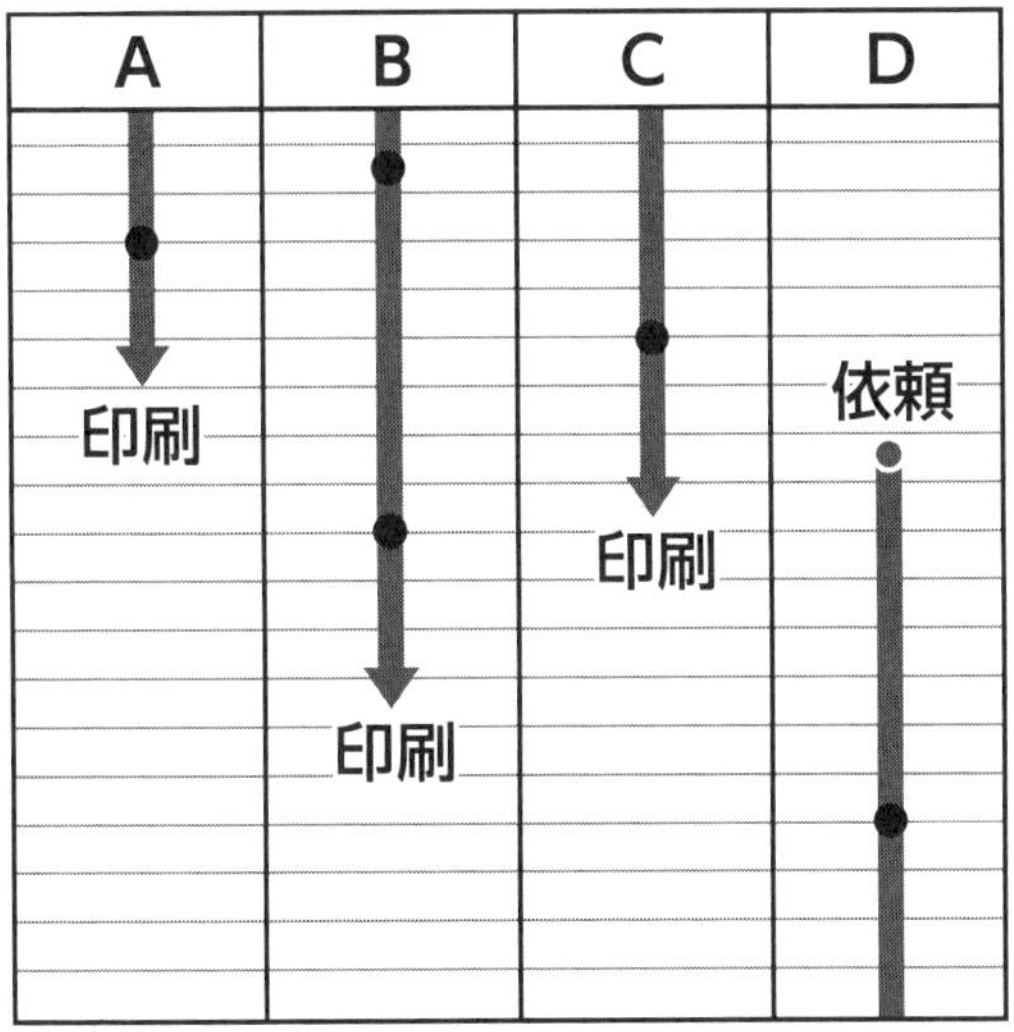

予定通りにたどり着くべきポイント＝マイルストーンがあることで、途中段階で遅れが生じたとしても、挽回できる

POINT 07

「早仕事」で仕事の効率を上げる

私は以前から、仕事は前倒しして週の前半の水曜日には、ノルマを達成すべきだと説いています。

これは仕事の作業スピードそのものを上げる「速く」ではなく、時間帯を早める「早く」仕事をすることです。早起きの早くです。時間帯を早くして仕事を前倒しするのは、ダンドリ力向上には欠かせないスキルといってよいでしょう。

私は原稿を書く時には、朝4時に起きて、4時半には書きはじめます。昼までに8時間ほどあるので、そこまでには、だいたいノルマは達成しています。もともと書くスピードは速いので、相乗効果で効率よく仕事ができています。

知人の編集長は、朝3時台に起きて坐禅道場に通ったり、駅前の空き缶を捨てたり、「早仕事」をしてから出社しています。それでもラッシュ前の7時過ぎには会社に着くわけです。言うまでもなく、早い時間帯に仕事を前倒しすることで、余裕が生まれます。

つまり、ノルマは達成してあとは自由に時間が使えるという心の余裕。そして実際に時間の余裕も生まれます。

週のノルマは週の前半までに

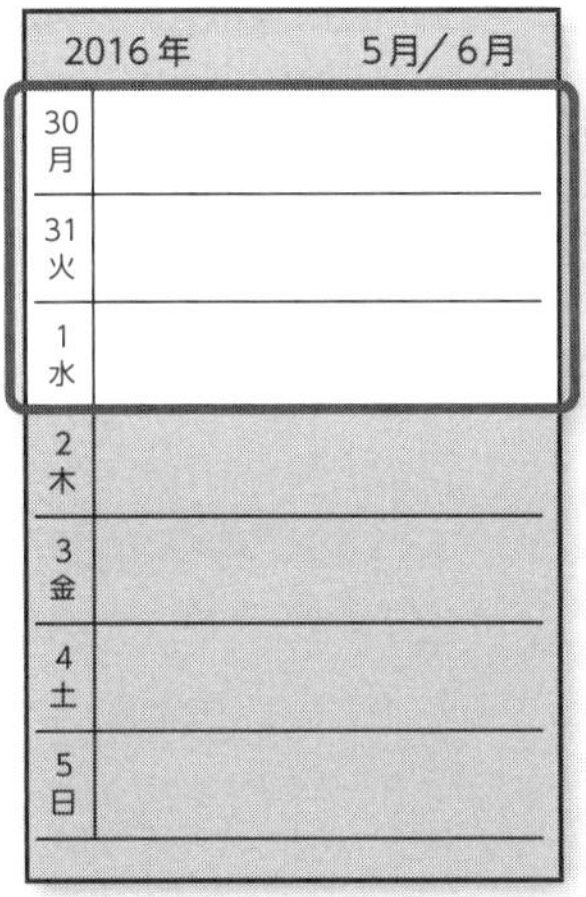

月のノルマは月の中旬までに

POINT 08

プライムタイムに重要な仕事を割り振る

あなたは、自分の能力を一番発揮できる時間帯が何時頃かわかっているでしょうか？食事をした直後という人は少ないでしょうし、疲労が蓄積してきた午後8時ということもないでしょう。もちろん個人差はありますが、頭を使って集中する仕事なら午前中のどこか90分前後、身体を動かしたり、外回りの仕事であれば、体温の上がってきた午後の時間帯という人が多いはずです。

ダンドリのうまい人は、自分のピーク（プライムタイムと呼びます）がどの時間帯なのかを熟知しています。そして、その時間帯にできるだけ集中して仕事ができるようにスケジュールを組みます。最小の時間で最大の成果を上げる、効率的に仕事を進めるためには、プライムタイムを視野に入れてスケジュールを組むことが肝心なのです。

とは言うものの、いつも都合よくスケジュールが組めるとは限りません。会議が入ったり、急な頼まれ仕事があるかもしれません。それでも、やみくもにスケジュールを立てるよりも、プライムタイムを知っていたらはるかに成果が出やすくなります。ぜひ、意識しておいてください。

どの時間帯に何をやるか？　順番を変えるだけで成果が上がる

POINT 09

プライムタイムの見つけ方

1日のうちで最も能率が上がる「プライムタイム」は、個人差がありますが、一般的には午前中のどこかの90分ほどがそれにあたると言われています。まず、あなたのプライムタイムが何時頃なのかを、次の3点を目安に確認してみましょう。

①同じ難易度の作業・仕事をしてみる
②同じ長さの時間で同じ仕事を行なってみる
③時間を変えて最低3回チェックする

これを何度か、何日か繰り返してみて、最も能率的だった時間をプライムタイムと判断します。

注意したいのは、プライムタイムには頭を使う創造的な仕事、あなたにしかできない仕事、優先度の高い仕事をスケジュールに組み込むのが大きな目的、ということです。

先の3点がルーティンワークだと、作業スピードばかりを比較しがちなので、「同じ難易度」と言っても、「企画を考える」「新しいイベントのプラン」など、頭を使う仕事をやってみて、どの時間帯に最も捗るかを比べてみましょう。

あなたのプライムタイムは何時頃？

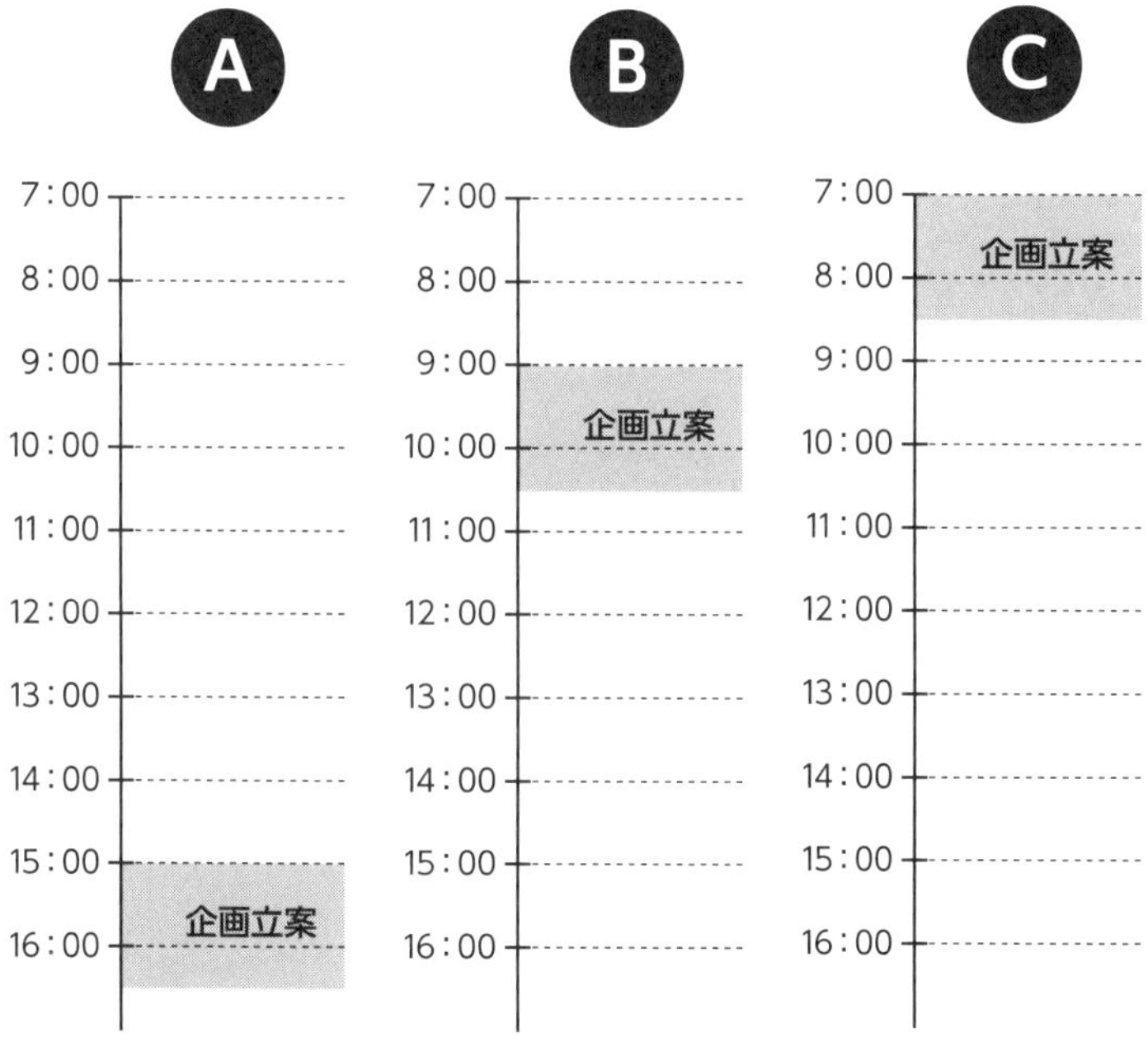

9:00 始業の職場が多いが、「試してみたら、自分のプライムタイムは 7:30 ～ 9:00 だった」というケースは少なくない。朝型に切り替えてみるのも一案

POINT 10

「そのうち仕事」こそスケジュールに組み込む

「重要だけど緊急ではない仕事」が、どんな人にもあるのではないでしょうか。

たとえば、上司から「いつでも手のあいた時でいいから。急がないよ」などと言われた仕事。そんな場合はどうなるでしょうか? やらなければいけないと思ってはいても、「時間ができたら着手しよう」と思っているうちに、日常業務が優先されて、いつまでたっても着手できないことになりがちです。

解決策のひとつは、決まった時間に強制的にやる、と決めて実行することです。「毎週水曜の午前中は企画書を書く」「月末はいつも忙しいから、比較的ゆとりのある月初の1~3日に『新人育成プラン』を立てる」などです。

私の研修受講者が、こうした時間を「そのうちタイム」と命名しました。「そのうちやろう」と思って貯まった仕事を進める時間を、スケジュールの中に組み込んでおいて、まとめてやってしまおう、というものです。

先延ばし前提ですが、意外に仕事がまとまって片づく効果はあります。

「そのうちタイム」は毎月組み込む

2016年　5月

月	火	水	木	金	土	日
						1 サッカー
2 そのうちタイム	3	4	5	6	7	8
9 A社	10	11	12 B社	13	14	15 サッカー
16	17 A社	18 会議	19	20 C社	21	22
23 会議	24	25 出張	26	27	28	29 サッカー
30 会議	31					

どんな人にも「そのうち仕事」があるもの。先送りした挙句、まったく手を着けられなかった……とならないように、まとめて片づける時間を用意しておく

POINT 11

「自分アポ」で聖域をつくる

「集中して進めたい仕事があるのに、まとまった時間がとれない」という悩みはないでしょうか。

よい方法が「自分アポ」です。一般的には、アポイントは相手方主導で入ってきます。「来週木曜、12日の14時ですね。12日はすでに先約があるので、14日あたりはいかがでしょうか?」というように、決まった順番にアポが入ります。

これでは、あなたの使える時間は空きができたところで、かなり受動的になるでしょう。そこで、集中できる時間帯や仕事のバランスを考えて、何とか自分が主導権を握るのが、自分アポの考え方です。

何もアポが入っていない状態のときに、「水曜のこの時間は『自分アポ』を入れて、大事な仕事を集中的に進めよう」と決めるのです。スケジュールにも自分でわかるように、記入しておきます。私は手帳に「自」と書いて自分アポだとわかるようにしています。完全な聖域にできなくてもかまいません。突発事故や、割り込み仕事が入るかもしれません。それでも、「自分の聖域をつくろう」と能動的にスケジューリングすることが大切です。

「自分アポ」は定期的に入れる

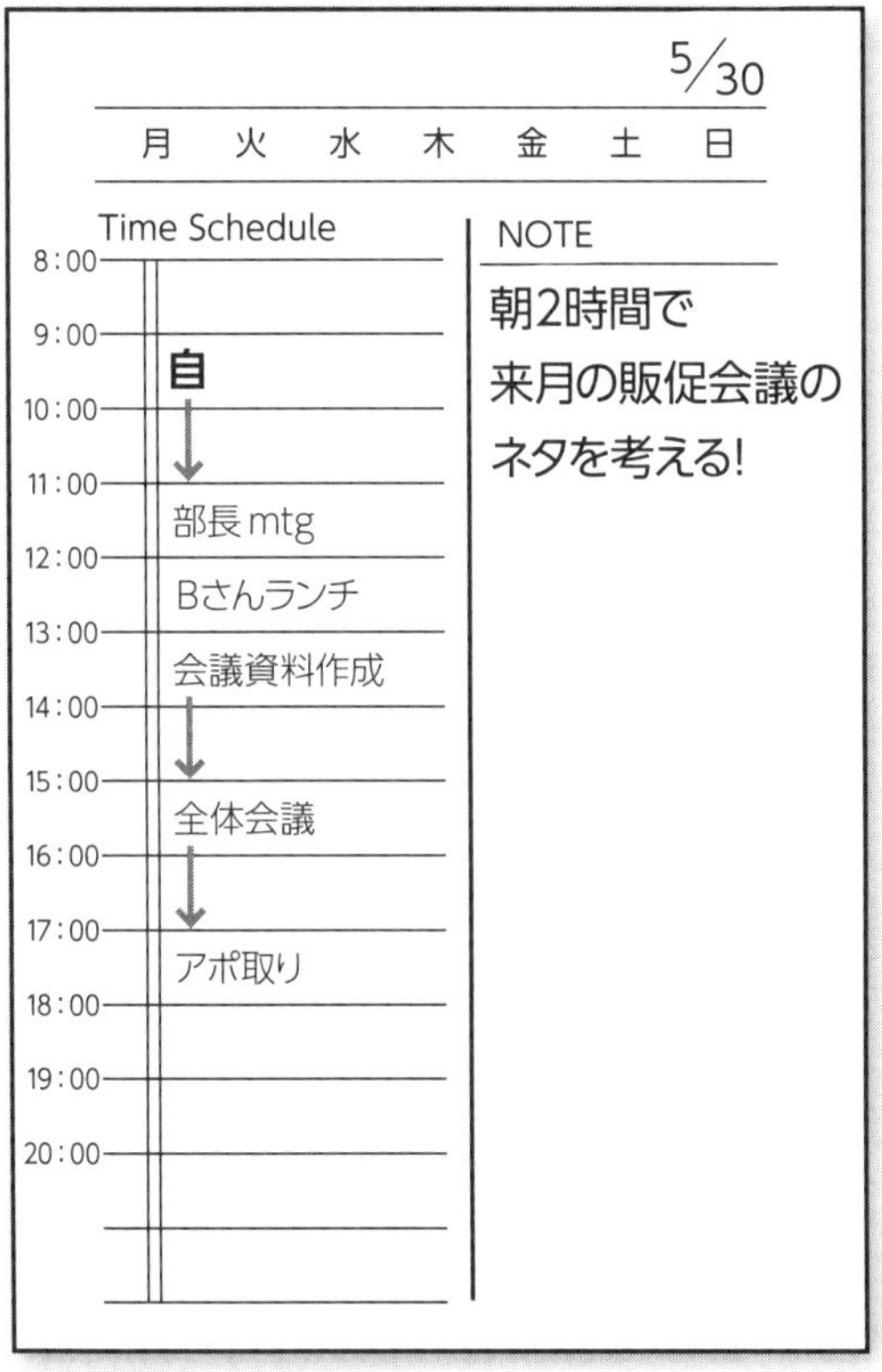

自分１人で進める仕事は「アポの入らない空いた時間に進めよう」としがちだが、集中して進めたい仕事の時間は「自分アポ」としてあらかじめ取っておく

サクサク進む！ 自分の能力を最大限に高めるダンドリ術

Chapter 5

POINT 01

通勤時間はアウトプットする

私は「通勤電車で新聞を読むな」というテーマで本を書いたことがあります。言いたかったのは、通勤時間はアウトプットの時間にしよう、ということです。新聞を読むのはインプットです。語学の勉強も同じこと。経団連会長だった土光敏夫氏は、電車内で新聞を読んでいた部下を見かけ、後で叱ったと言います。意味するところは、インプットは家でして、電車内では大局的に経営戦略を練るような創造的なアウトプットをしろ、ということです。標語にしたら「読むな、聞くな、考えろ」ということでしょう。

通勤電車内は、頭を使ってアイデアを出したり、その日の流れをイメージしたり、記憶ではなく創造、想像に使いましょう。英単語を記憶していて、出社してすぐ仕事に入るよりも、スムーズに仕事に入れます。朝の通勤時間は、仕事のウォームアップをするのが賢い使い方です。

どうしてもインプットに使いたければ、疲労している帰りの通勤電車にしましょう。機械的な暗記を頭の冴えている朝、仕事前にすることはありません。仕事のためのアウトプットに特化して、仕事に弾みをつけるのです。

通勤電車の中で何をすべきか？

×	○
新聞を読む	アイデア出し
勉強	企画出し
音楽	アウトプット中心

POINT 02

スキマ時間に軽い仕事を片づける

ちょっとした空き時間に何をしていますか？　訪問先で待たされるとか、車の渋滞に巻き込まれるとか、まとまった時間ではなく、10分、15分くらいのスキマ時間です。

この時間に、重要度の高い仕事は適しません。ある本に「重要な仕事に取り組め」と載っていたので、私は信じてやってみましたが、いきなり集中することはできないので、成果は出ませんでした。

そもそも、細切れ時間は、いつ発生するのか予想がつかないものです。いつ電車が停まるか、訪問先の会議が長引くかわかりません。ですから、集中が必要な仕事に使うには適さないのです。ルーティンワークのような、集中しなくてもいい作業的なもの、ファイルしておく必要のない、重要度の低い仕事に適しているのです。

細切れ時間は、いつ発生するかわからないものの、必ず1日に何回かあるものです。

タイムイズマネーとは言っても、時間はお金のように貯めて使うことはできません。それでも、1日15分のスキマ時間が4回あれば1時間になります。細切れ時間にできることをリスト化しておきましょう（80ページ参照）。

スキマ時間の使い方

☆重要度の高い仕事には適さない
☆優先順位の低い仕事を分断して行なう

- 特別にファイルしておかなくていいもの（重要度低）
- 今、手をつけなくてもいいもの（緊急度低）
- 15 分くらいでできるもの

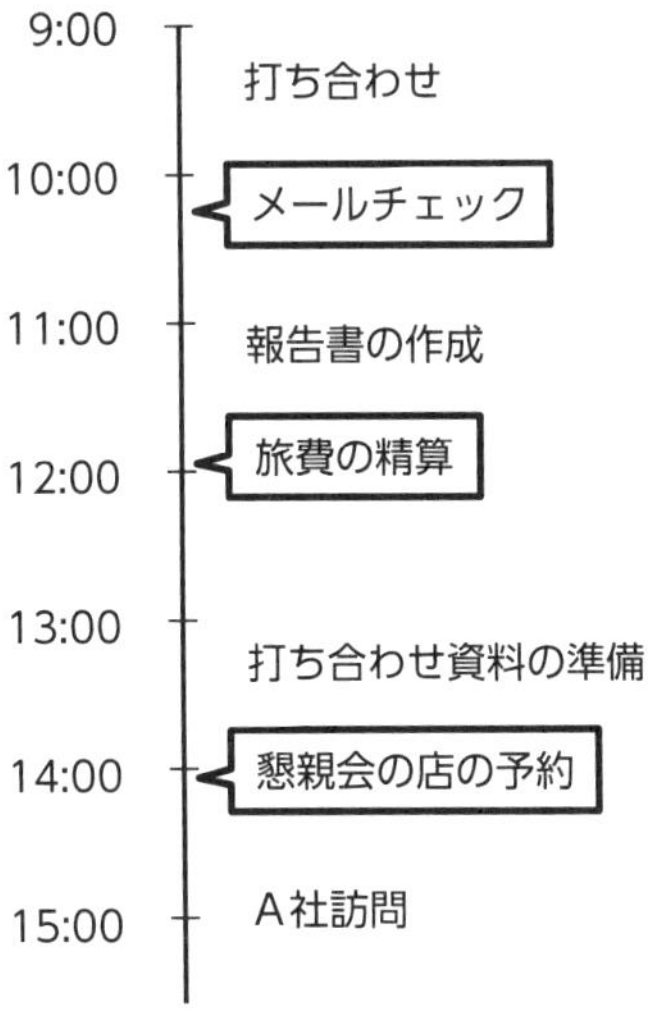

POINT 03

15分1コマで仕事を進める

人間の集中力はどのくらい持続すると思いますか？　2時間？　1時間？　学生時代の授業1コマは何分でしたか。小学生だと45分。それでも、そわそわしたり、他のことに気が散ってしまったのではないでしょうか。社会人になったからといって、集中力が飛躍的に高まることはありません。体験的に、私は「15分」が本当に集中できる限界だと考えているので、これを1コマとして仕事を進めることを提案しています。資料作成も、経営計画の立案も、すべて15分ごとに区切って取り組んでいくのです。

15分1コマで仕事をするもうひとつのメリットは、ダラダラ仕事を防止できることです。代表格はメールのチェックです。このような特別に納期がない作業、仕事は自分で切らない限り、いつまでもやっていられます。15分で切らないと、ダラダラと1時間でもできてしまいます。ダラダラ仕事は百害あって一利なし。作業効率が著しく下がる、ダンドリの敵と思いましょう。

スケジュールを立てる段階で、15分で何をするのかを細かく見える化する必要はありません。複雑になり過ぎると、イザ実行する際にかえってやっかいなものだからです。

15 分経ったら……

長時間かかる仕事の場合、集中力が途切れる前に他の仕事に切り替えることを意識する

POINT 04

ストレスレベルを最適化する

あなたは、日々ストレスを感じていますか？

何かと悪者扱いされるストレスも、まったくなかったり、少な過ぎると、仕事に悪影響を及ぼします。うっかりミスや忘れ物などは、緊張感がなくなると起きやすいものです。つまり、ストレスは低ければいいとも言えないのです。

では、高過ぎるとどうでしょうか？　たとえば1日の疲労がピークになっていて、残業しないと仕事が終わらないという、ストレスの高まった時。当然、疲れから集中できず、効率は下がり、ストレスが低過ぎる時と同様にミスをしがちです。

結論は、低過ぎず、かといって高過ぎない適度なストレスレベルが望まれます。そのために、ストレスを最適レベルに保つ工夫をしなくてはなりません。

仕事上手の人は、自分の最適なストレスレベルをよく知っていて、ゾーンから外れたら、早く元のレベルに戻せるのです。深呼吸するとか、身体を動かす、イメージの力を使う、軽く目を閉じて情報を一時遮断してみる。

自分なりの工夫をして、ストレスを最適化しましょう。

ストレスは高過ぎも低過ぎもダメ

ストレスが高過ぎると……

イライラ
集中できない
不安定
怒りっぽい

ストレスが低過ぎると……

うっかりミス
のんびりし過ぎ
気が散る
やる気なし

適度なストレス（ユーストレス）

集中できる
やる気あり
チャレンジ精神
頭が働く

POINT 05

時間ドロボーの退治法①
適正時間を決めておく

64ページでもお伝えしたように、ついつい、許容範囲を超えて時間をかけ過ぎていることが、誰しもあることでしょう。いわば、時間ドロボーです。

たとえば、顧客とのコミュニケーションは大切ですが、30分以上も電話で話し込むのは時間ドロボーと言えるでしょう。

やらなければならない仕事があるのに、気乗りがせずに、つい頻繁にメールをチェックしてしまう。急ぐ必要のない情報収集に、長く時間をかけてしまう……どれも必要なことではありますが、「時間をかけ過ぎていないか?」と常に自覚的になって、ドロボー退治に励みましょう。

では、どうやって退治しますか。言うまでもなく、時間をかけ過ぎていたなら適正時間で終えることです。

メールチェックと返信などは、朝の15分と帰宅前の15分など、時間を決めて行なうのがおすすめです。

つい時間をかけ過ぎてしまう仕事は、適正時間を決めておく

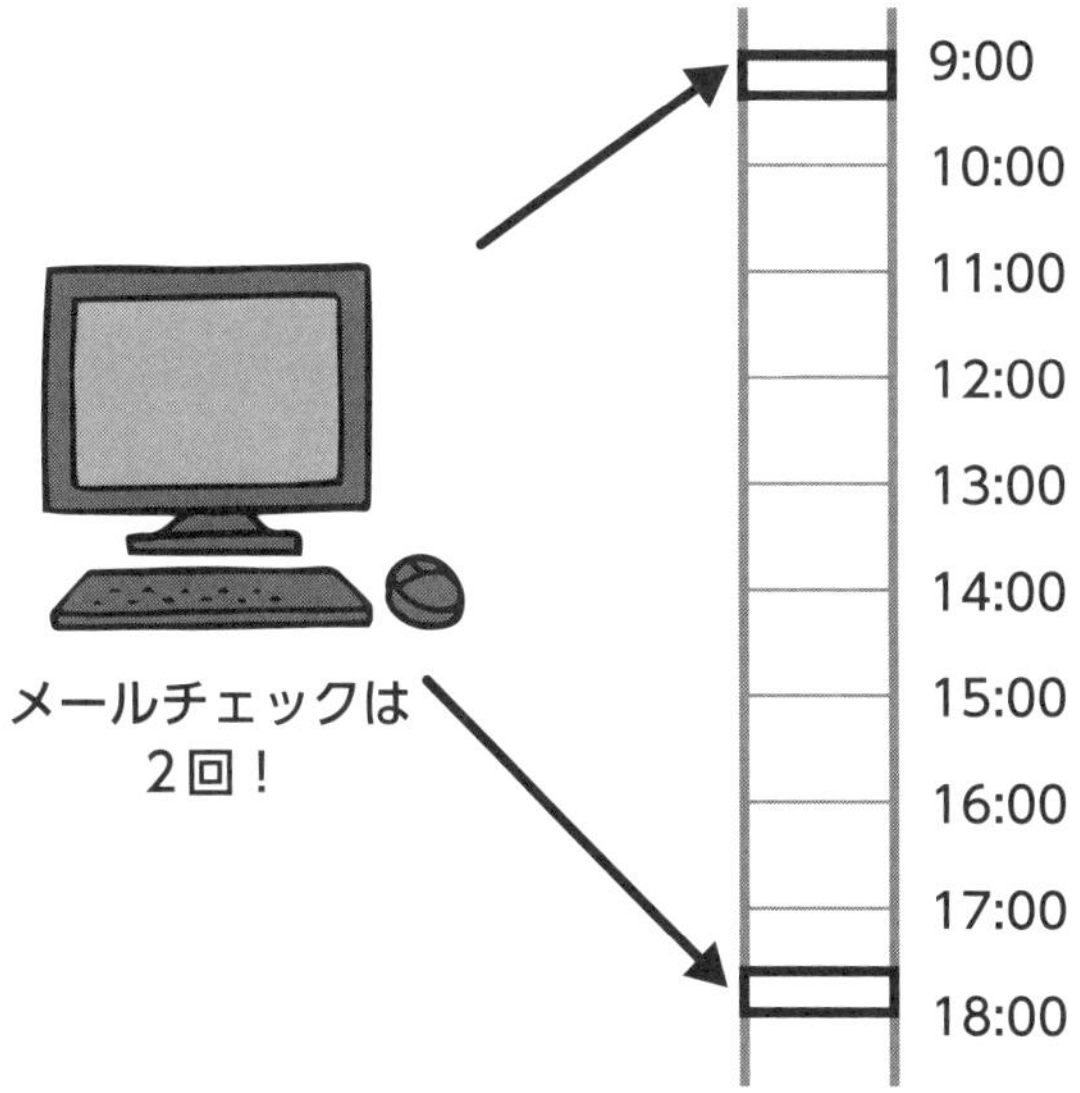

メールでのやり取りが多いなら、「朝・昼食後・帰宅前の 30 分」とするなど、自身の業務に合わせた形で考える

POINT 06

時間ドロボーの退治法②
対策を「行動」で表現する

時間ドロボーを本当に退治するには、「目標」を書いてはいけません。

たとえば、いつも車の渋滞に巻き込まれて時間をロスしている人が、「車の渋滞に巻き込まれない」としてはいけません。

あるいは、二度寝してしまい、朝のスタート時間が遅くなりがちな人が「二度寝しない」と目標を掲げても、結果が変わることを期待するのは難しいでしょう。

目標やあるべき姿を表わすのではなく、行動を具体的に表現するようにします。そうしないと、「何をしたらいいのか」がわからないのです。

渋滞に巻き込まれる頻度が高いなら、「営業車にカーナビをつける」「事前に抜け道を調べておく」「同地区を回った営業マンから情報を得る」。二度寝をしがちなら、「目覚まし時計を3つ鳴らす」「就寝時刻を早める」「家族にモーニングコールを依頼する」。

このように、それまでとは異なる対策を「行動」で掲げましょう。

ひとつの「行動」だけだと、それが有効でなければお終いです。最低2つは挙げてみましょう。

対策は「具体的な行動」で表わす

渋滞に巻き込まれないようにするには……

✕ 「渋滞に巻き込まれない！」

○ 「営業車にカーナビをつける」
「事前に抜け道を調べておく」
「他の営業マンから情報を得る」

二度寝を防ぎたいなら……

✕ 「二度寝をしない！」

○ 「目覚まし時計を３つ鳴らす」
「就寝時刻を早める」
「モーニングコールを依頼する」

「目標」「あるべき姿」「決意」を掲げても、なかなか変われないもの。どんな行動に変えればよいかを考える

POINT 07

時間ドロボーの退治法③
まずはしっかり整理する

二度手間というのは、時間ドロボーの代表格です。前に調べてまとめた資料が見つからないので調べ直す。これは整理、つまり秩序だてて仕事を進めていないのが原因です。

あなたの机の上や机周辺は、きれいですか?

見た目がきちんと整っているなら「整頓」された状態と言えます。しかし、整頓は子どもでもできないことではありません。たとえば本なら、高さで揃えるとか背表紙の色でまとめるとか、形式を整えることを整頓と言います。

本来、私たちがまっ先にするべきなのは「整理」です。こちらは秩序を整えることです。本で言うと、ジャンルごと、作家ごとにまとめるようなものです。もちろん、本屋さんはまず整理からはじめます。

一番は、整理されていてなおかつ整頓されていることでしょう。職場だと、ルール化されていないと他の人がわからないので、整理したあとは、ルールを共有することが不可欠です。とりあえず整理して、まとまりよくしておきましょう。何がどこにあるのか?　ファイルも含めてわかるようにするのです。

何がどこにあるのか、迷わない状態を保つ

POINT 08

時間ドロボーの退治法④

手の届く範囲をまずは整頓

会社でも自宅でも、机まわりの手の届く範囲をまずきれいにしましょう。

ただし、注意が必要です。掃除、整頓というのは特別に締め切りがある作業ではないため、うっかりするとすぐに20分や30分は経ってしまいます。

締め切りのない作業は時間ドロボーになりがちなので、**「10分だけ整頓、掃除をする」と決めてから取りかかりましょう。**

まずは、見える範囲、手の届く範囲をスッキリさせることです。

①整理〇　整頓〇、②整理〇　整頓×、③整理×　整頓〇、④整理×　整頓×

というのが整った状態の順番です。私は②の状態が多いのですが、少なくとも制空権を確保するために、手の届く範囲は①にするように心がけています。

手を伸ばす範囲には、必要最低限の文具類、電話ぐらいが触れるようにして、あとは小まめに掃除しましょう。整頓すると、何といっても気分がよくなります。ただし、整頓自体が目的ではないので、時間を区切って行なうことを忘れてはなりません。

机まわりは定期的に整頓することを心がける

望ましい状態

❶ 整理○、整頓○

❷ 整理○、整頓×

❸ 整理×、整頓○

❹ 整理×、整頓×

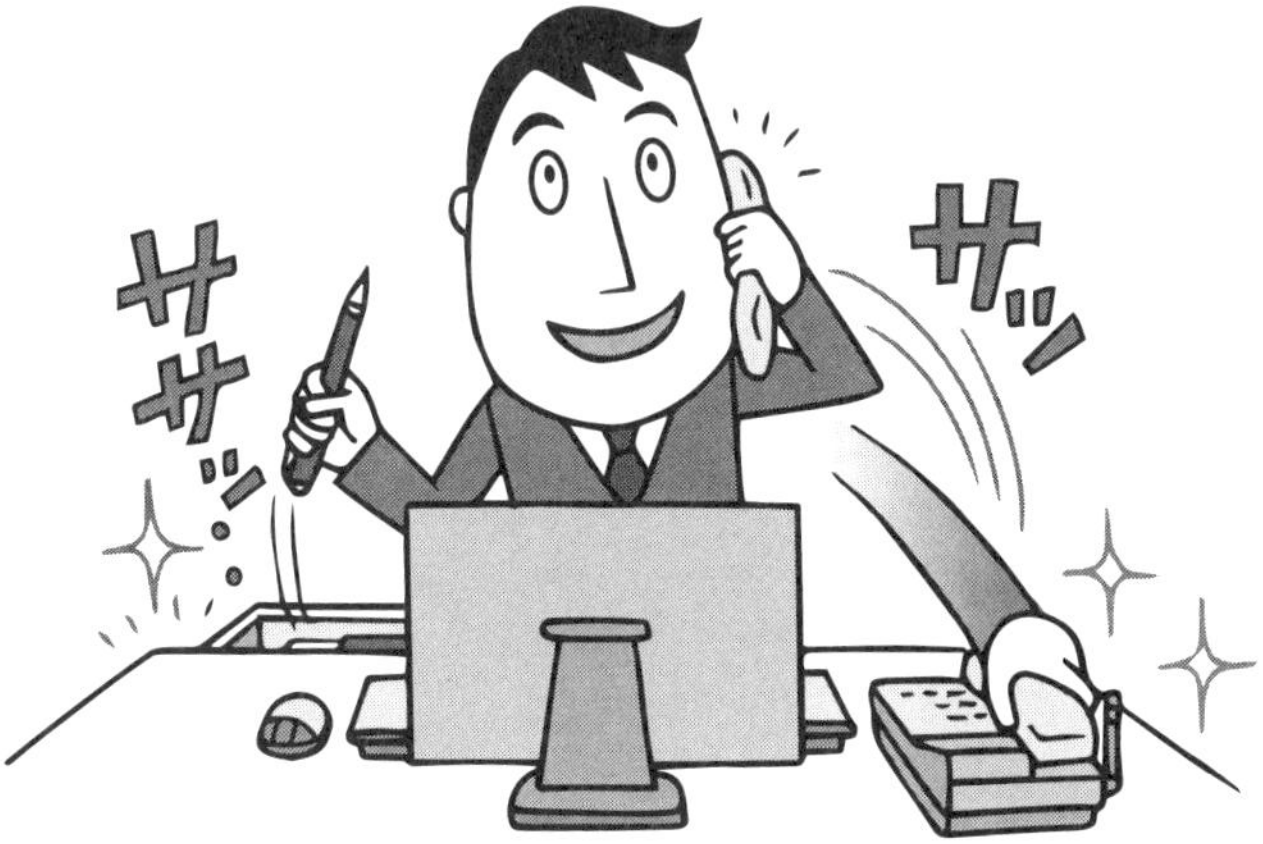

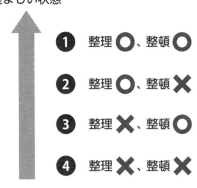

POINT
09

明日病からの脱却。とにかくすぐやる習慣をつける

私はダンドリ、時間活用をテーマとして20年以上、研修をしています。その間にアナログからデジタルの時代に移行し、ツールやスキルは変わりましたが、ただひとつ、変わらないことがあります。それは、ある「病気」を克服しないことには、どんなスキルも意味を持たないということです。それを私は「明日病」と名づけています。「そのうちやればいいか」「明日にしよう」と、いたずらに実行を先延ばしにするクセ、習慣です。

習慣というのは、生まれつきのものではありませんから、変えることができます。

明日病……先延ばしの習慣　↓　すぐやる……とにかく即実行

と、いい習慣に置き換えればいいのです。

たしかに、カレンダー上は明日もその先も存在します。しかし現実には、「明日やろう」と思った当日は、「明日」ではありません。

起きればその日はいつでも「今日」でしょう。「明日やろう」という明日は、体験することはないのです。先延ばしは愚かなことです。賢い人は、いつでも思い立ったら「即」実行していくのです。

「明日やろう」にメリットはない

POINT 10

「アメ」と「ムチ」を用意して明日病を防ぐ

「今まで、仕事を先延ばししたことがない」という人は、まずいないのではないでしょうか? そんな「明日病」を発症する理由はさまざまです。あまりに大変そうでなかなか思い切りがつかない、逆にいつでもできると思っていたら延び延びになっていた、何となく面倒だった……。アメとムチを使って明日病を治し、すぐやる癖をつけましょう。

①アメ：よい結果をイメージしてみる

先延ばしにすることなく、仕事が無事に終わり、メンバーと談笑する自分、上司から褒められている自分をイメージしましょう。予定通りに終わったら好きなお菓子を食べるのもいいでしょう。

②ムチ：自分を追い込む

試験前に徹夜して勉強するように、私たちは追い込まれないとなかなか手をつけないことがあります。そこで、「○日に提出します」と人に宣言する、小さな自分締め切りをつくってデスクに貼り出すなど、自らを追い込みましょう。先延ばしをしたがために、得意先の信用をなくして叱られているみじめな自分をイメージするのも効果的です。

「アメ」と「ムチ」両方を使って、すぐやる自分に変える

POINT 11

できる限りその場で処理する

多くの経営者の行動を見聞きする中で、「この人は時間の使い方がうまい」「ダンドリ上手だな」という人は、共通してその場で処理することを習慣にしていました。

たとえば、研修の日程決めには通常、何週間もやりとりをするのが一般的ですが、その場で手帳を開き、担当者に電話をして「では、よろしくお願いします」という感じです。即断即決、そしてすぐに実行するのです。

この習慣のメリットは、ダンドリ下手な人にありがちな「先延ばし」が発生しない点にあります。一つひとつは小さな仕事でも、たまればそれなりに時間がかかるものです。

最近知り会ったある経営者は、こちらが「その方を紹介してください」と言うと、その場で電話を掛けてくれました。こちらが人を紹介すると、その場でメールしています（もちろん、断りを入れてからですが）。

電話やメールに限りません。何かしようと思ったら、できることはその場で着手していきましょう。「やっておきます」「検討してみます」を減らし、その場で対処する。これが習慣になったらしめたものです。

その場で処理すれば仕事はたまらない

POINT 12

あえて仕事の途中でやめておく「ゼイガルニーク効果」

旧ソ連のブリューマ・ゼイガルニークの唱えた心理法則をご存じでしょうか。わかりやすく言うと、テレビドラマなどの「続き効果」です。連続ドラマは、どうして一番いいところで「続く」となるのか？　それは、そのほうが記憶に残りやすいからです。いいところの先まで行ってしまうと、「次も見たい」という欲が意外に湧かないものです。

これを、仕事や勉強に応用しない手はありません。普通なら、「キリのいいところまで進めてしまおう」と考えるでしょう。すると、次に仕事を再開した時に「あれ？　どこまでやったんだっけ？」と忘れがちで、思い出すまでの時間がムダになってしまいます。

そこで、ゼイガルニーク効果を応用してみましょう。仕事がピークの時点、もしくはピークの直前でやめるのです。そうすると、翌日に再スタートさせたい時に「次はここからだ」とスピーディーに、ムダな時間をかけることなく再開できるようになります。

ただし、すべてそうしてしまうと、「よし、仕事をやり終えた」という満足感や達成感が得られないので、毎回、途中でやめるのではなく、「重要で、翌日にサッとスタートさせたい仕事」に絞って、あえて中途半端な状態で終えるのがコツです。

未来の自分が着手しやすいところで仕事を切り上げる

POINT 13

心の安定を保つ

仕事の成果を大きく左右するのが「心の安定」です。本当にダンドリよく仕事を進めたいのなら、心を安定させる技術も身につけておく必要があります。

仕事というのは、業務に関連する知識やスキルがあればそれで十分というわけではありません。たとえば、資格試験を受ける場合、どんなに知識を身につけて臨んだとしても、緊張して心が乱れていたなら、半分も実力を出せないことがあるでしょう。

心が安定していればこそ、重要な案件の判断や、不意のアクシデントなど、さまざまなことに対処していけるのです。

そのためにまず、心掛けたいのは体調を整えることです。快食、快眠、適度な運動は外せません。また、友人や家族とコミュニケーションを取って、トラブルが起こらないようにしておくことも必要です。

音楽を聴く、アロマテラピーを取り入れる、一定時間ごとにストレッチをする、こうしたリラックスタイムを生活に組み込むのも効果的です。

心の安定が保ててこそ、能力が生きてきます。

自分なりのリラックス法を知っておくのも仕事の一部

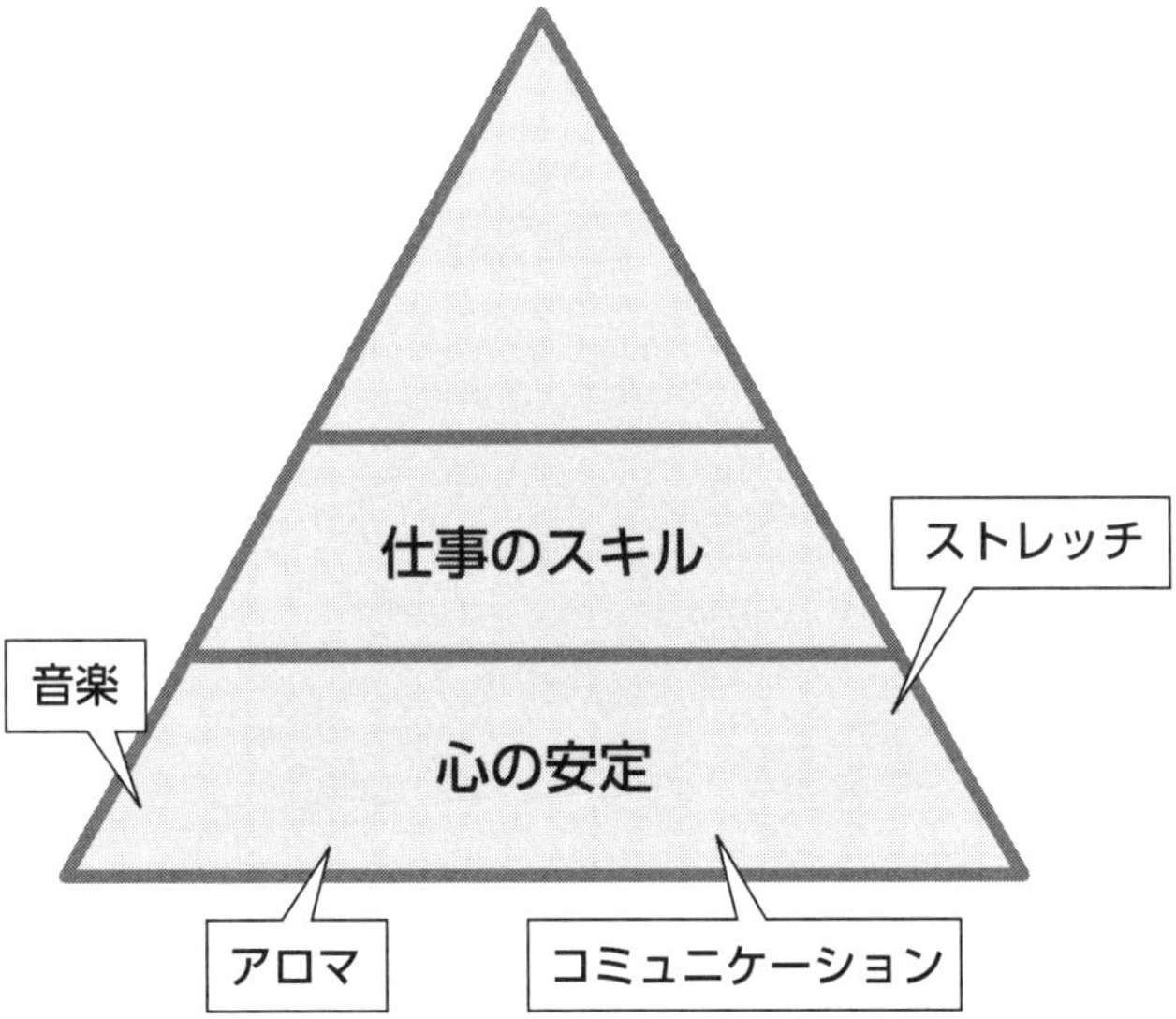

心の安定は、ピラミッドの土台のようなもの。心の安定がなければ、何もなし得ないと認識しよう

実践！
場面別ダンドリ術

Chapter 6

POINT 01

ホウレンソウのダンドリ

ホウレンソウとは報告・連絡・相談を略したもので、それぞれにダンドリが必要です。

報告の場合、いきなり最終報告をするのではなく、中間報告が欠かせません。「問題ないから特に報告しなかった」というのではなく、うまくいっていても、そうでなくても、「事実」を報告します。一般に、上司からの命令・指示に対しては、報告が不可欠です。特に、ミス・失敗などの嫌な報告ほど早く知らせなければなりません。言いにくいことほど早く報告して、対応を仰ぐ必要があります。指示の中身によりますが、「指示→中間報告（場合によっては複数回）→最終報告」というのが通常の流れです。

連絡は、基本的に「情報の伝達」なので、報告のような上下関係に限らず、関係者に仕事・作業の事実を伝えます。口頭のみの連絡だと「言った」「聞いてない」となるケースもあるので、メールでの連絡後、口頭で伝えると安心です。

相談する場合には、「自分の意志」をある程度は持った上で、上司・先輩・同僚に意見をもらいます。うろたえて、最初から「どうしたらいいでしょう?」では、社会人失格です。まず自分で考え、それから相談する、という流れを押さえておきましょう。

ホウレンソウのダンドリ術

ホウ
報告

指示 ➡ 中間報告 ➡ 最終報告

レン
連絡

関係者に広く伝える

△ 口頭のみ

○ メール＋口頭

ソウ
相談

○「○○の件ですが、自分は◇◇と考えていますが、いかがでしょうか」

✖「○○の件はどうすればいいでしょうか？」

ホウレンソウは、上司やチームのメンバーといった関係者に不安を与えないために行なうもの。周囲から「あの件、どうなったのかなぁ」と思われるようでは失格

POINT 02

アポ取りのダンドリ

アポを上手に取るための話法があります。

ひとつは、二者択一法。「13日と14日なら、どちらがご都合がよいでしょうか?」「水曜か木曜なら、どちらでしょうか?」と二者択一で尋ねるのです。「来週、空いている日はありますか?」と言うより、自分の望ましいスケジュールが組めます。「ここなら余裕が持てる」「ここは、ついでに近くを訪ねられるから都合がいいな」という2つの日程に絞り込んでアポ取りするのです。もし両日ダメなら、「次の月曜なら大丈夫です」と提示してくれることが大半です。

もっと自信のある人なら、「推定承諾法」というやり方があります。あたかも決まっているかのごとく、さらりと口にしてしまうのです。

「来週の水曜ということで……」「では、金曜の午後でよろしいでしょうか?」

相手が優柔不断でなかなか決められない場合には、推定承諾法も有効です。やや強引な言い回しなので、左ページのようなひと言を加えると、相手も答えやすいでしょう。

強引なイメージをやわらげるひと言

クッション言葉を入れる

「恐れ入りますが……」
「申し訳ありませんが……」
「お願いしたいのですが……」

こうしたクッション言葉があると、無理に決めさせたというイメージが薄まる

終わりを疑問形にしてみる

「申し訳ありませんが、
来週の木曜か金曜の午前ではいかがでしょうか？」

「お願い」のニュアンスが出て、相手が受け取りやすくなる

⇩

ラフに聞いてＯＫなら、時間を決める

最初に時間まで指定してしまうと、こちらが主導権を取ったようになり、相手はあまり面白く思わない。相手が「自分の意志で選んだ」と感じてもらうのが、アポ取りの基本

POINT 03

報告書作成のダンドリ

報告書を毎回一から作成していたのでは、時間がいくらあっても足りません。内容がいつも同じというわけにはいきませんが、定型化できるところもたくさんあります。5W1Hを満たす定型の報告書を準備しておいて、そこに文章を入れていきましょう。

ただし、長い報告書の場合、文章の構成、話の流れを押さえる必要があります。そこで使いたいのがPREP法です。

P：POINT＝結論・ポイント　　R：REASON＝理由
E：EXAMPLE＝実例・具体例　　P：POINT＝結論・ポイント

の順番で書いて、報告書をつくるのです。

私の場合、研修実施後に講師所感という形で報告書を提出します。企業名、日時、会場、参加人数、テーマなどの定型部分は5W1Hでまとめ、次の所感部分をPREP法で作成します。

まず、報告書の定型フォームを使う、ポイントはPREPの流れでわかりやすくまとめる、この2つが報告書作成のダンドリで、その場の思いつきで作成しないことです。

PREP法で作成した報告書の一部

P 結論
全体の参加意欲、集中力が高く、研修効果が大きく見込まれます。

R 理由
と言いますのは、通常どのクラスでも午後３時以降になると集中力が落ちるのです。

E 実例
ところが、今回の参加者は集中力が下がらず、実習ではむしろ午前中以上に集中して取り組んでいました。

P 結論
ですので、研修効果が大きく見込まれます。

ビジネス文書では「結論を先に書く」のが基本。口頭で報告する場合も同様

POINT 04

飲み会のダンドリ

飲み会にも成功と失敗があり、よい飲み会にはダンドリが必要不可欠です。「今日の飲み会はどんな目的で行なうのか」を把握し、その実現のための手段を考え、実行するのです。部内の歓送迎会と、得意先の接待とでは、当然、進め方は違ってきます。

接待なら、個々人の好みを知った上で、店選びをしたいところですし、参加者が大人数の飲み会なら、なるべく多くの人が満足しそうな店選びを心がけましょう。

店選びに関しては、ネットで検索すればいくらでも情報を得ることができます。ただし、画像で見るのと、リアルに店に行くのとでは、印象がまったく違うこともあります。たかが飲み会と軽く考えず、できる限り情報を集めた上で決定するのが仕事のプロです。

会場の連絡は、事前に店の地図のURLを送っておいて、各自がスマホで開いて現地入りするのも今やごく普通のことです。しかし、年齢層が高い飲み会、特に接待の場合には、地図をFAXしておく必要もあるかもしれません。

大規模な会なら、事前にタイムスケジュールを組んで、挨拶の順番も決めておきます。サプライズ演出を考えているなら、店の人との事前相談も必要です。

飲み会の成果を最大に高めるダンドリ術

飲み会の目的は？

取引先の接待

落ち着いた雰囲気の店の個室
メニューの好みを探っておく

↓

日時、場所（会場）などを、前日までに書面でお渡ししておく

部内の歓迎会

15 人中 10 人が女性なので、ヘルシーな和食の店
新たに配属された人が溶け込みやすいように、ゲームを実施。騒がしくなるので個室を予約

↓

地図をプリントアウトして渡しておく

同期４人との飲み会

気軽に話せるメンバーで思いっきり弾ける会なので、安く飲食できる店

↓

会場の地図のＵＲＬをメールで送っておく

CHECK

- □ お店に最終人数の報告をする
- □ 頼んだメニューに間違いはないか、確認
- □ 同様の飲み会があることを見越して、今回の記録を残しておく

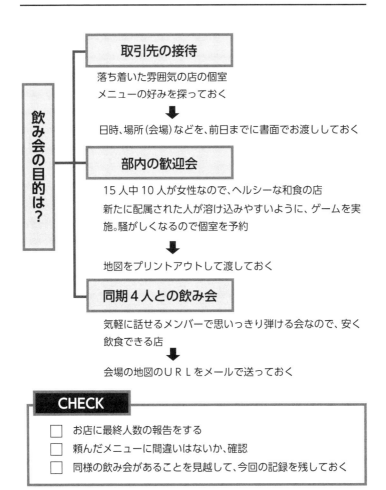

POINT 05

打ち合わせのダンドリ

打ち合わせのダンドリとして最も大切なのは、「何のための打ち合わせか？」を事前にはっきりさせておくことです。

情報交換が目的なら、自分の持っている情報が不十分だったり、まとめられていないと、実のある打ち合わせになりません。また、自分は何の意図があってその情報を集めたかという説明がつくように、準備もかかせないのです。

もちろん、情報交換だけが打ち合わせではありません。新企画がテーマのこともありますし、商品説明の事前打ち合わせもあり、テーマはさまざまで、それぞれゴールが異なります。

自分が相手方を訪問する場合、打ち合わせの資料を事前に郵送、あるいはメールに添付して送り、目を通しておいてもらうと、当日、すぐに本題に入ることができて、時間が節約できます。「明日の打ち合わせの資料です。よろしくお願いします」と資料を事前に送っておくと、リマインドメールにもなって一石二鳥です。

当日聞きたいこと、確認したいことを、事前に箇条書きにしておくことも忘れずに。

打ち合わせの成果を最大に高めるダンドリ術

打ち合わせの目的は？

取引先との情報交換

相手からどんな情報を得たいのか？
自分はどんな情報を持っているのか？
を事前に整理して聞きたいことを箇条書きにしておく

顧客への商品説明

何を伝えたいか、資料にまとめておく

「現在使っている競合商品の感想」など、顧客に聞きたいこともまとめておく

プロジェクトの進捗ミーティング

自分の仕事の進捗状況を箇条書きにしておく

重要な打ち合わせなら、資料を準備しておくだけでなく、簡単なリハーサルをしておくとよい

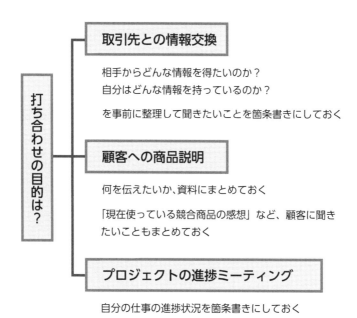

POINT 06

会議のダンドリ

アメリカ建国時代の父、ベンジャミン・フランクリンが「時間ドロボー」と呼んだように、会議は下手すると時間ばかり取られてしまう元凶でもあります。それを防ぐには、①進行役・ファシリテーターを決める、②開始時刻・終了時刻を決める、③会議の目的とテーマを事前に共有する、ということが欠かせません。定刻にはじまらず、定時に終わらない、会議がはじまってから、はじめてテーマが参加者に伝わる――そうしたダンドリの悪い会議が多いと、なすべき仕事に時間を割くことができなくなります。

とりわけ重要なのが、「何のために実施するのか?」、目的を明確にしておくことです。アイデア出しの場なのか、情報共有の場なのか、意思決定の場なのか。

情報共有の会議なら、資料の配布ですむケースもあるかもしれません。意思決定の会議のつもりが、何も決定されずに終わることもあることでしょう。それは「この場で何を決めるか」がはっきりしていないことが主な要因です。

会議の目的が不明瞭で、参加者によって認識にズレがあると、特定の数人だけが意見を主張して終わるといった、非効率な時間になってしまいます。

会議の成果を最大に高めるダンドリ術

会議の目的は？

アイデア出し

活発に意見を出し合う
数人に集中することなく、全員の声を引き出す

情報共有

参加者全員が同じ情報を共有できるよう、
資料をつくり込んでおく
資料だけでは伝わらない情報を会議の場で出し合う

意思決定

「何を決めるのか」を明確にしておく
決定事項を、誰が・いつやるのか、までを会議で決める

①進行役・ファシリテーターを決める

進行役は、進行のみに専念し、休憩や、1人あたりの発表時間を厳守

②開始時刻・終了時刻を決める

進行役が、定刻に開始し、終わるように調整

③会議の目的とテーマを事前に共有しておく

事前に何のための会議か、どんなテーマかを知らせておく
場合によっては、Aさんに最初に話を振って、その後、Bさんに…
…と大まかな流れを考えておく

「何のための会議か」により、会議の内容が変わってくる。「そもそも、この会議は必要なのか？」という視点も欠かせない。何となく話をしただけの自己満足の場となっては意味がない

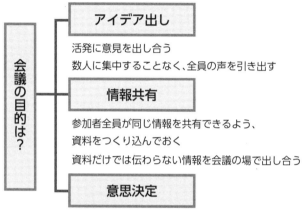

POINT 07

人材育成のダンドリ

人を育てる、新人を育成するというのは、当然ですが、1日でできるものではありません。そうなると、やはり育成のダンドリを考えることが欠かせません。

「いつまでに」「どんなことをマスターさせるのか」を具体的にするのがダンドリです。

短期：3ヶ月以内　中期：2〜3年　長期：5年以上

に分けて、どこまで育てるのか、目標を立てて個別に部下・新人を育成していくのです。

当然、部署や企業単位での人材育成の目標はあるでしょうが、個人ごとを対象に、なおかつ短期・中期・長期の具体的なプランを作成していることは稀ではないでしょうか？

学校での全体学習と家庭教師の違いをイメージしてください。会社、部署での全体育成プランのみならず、個別な育成プランを持つことが、大切な育成のダンドリなのです。

新人育成の場合、スローガンはあっても、行動レベルにまで落とし込んだ数字入りの目標はないケースが多いものです。「一人前に育てる」「成長させる」「立派なセールスパーソンに育てる」などは、心がまえとしてはいいのですが、行動が伴わないのが常です。行動のための具体的なプランまで立てて、はじめて個別の育成につながるのです。

個人別に育成プランを立てる

ラフな個人目標を立てる

営業部　A君

「新人時代からセールストークが弱いから、顧客との折衝に力を入れて育成していき、５年後には新人の営業トークを教育するレベルにまで育てる」

３ヶ月以内（短期）：
同行指導を５回、ＯＪＴでセールストークに磨きをかける

３年以内（中期）：
勉強会を主催させて、メンバーのリーダーシップをとらせる

５年後（長期）：
新人研修の講師ができるレベルの知識、経験をさせる

具体的な数値目標を入れる

「来年３月の社内試験で 80 点以上とらせる、毎月２回の同行指導でＯＪＴをしていく」

×　「社内試験でよい点をとらせる」
×　「同行指導の徹底」
スローガンでは、すぐに行動につながらない

さらに仕事が進む！チームのダンドリ術

Chapter 7

POINT 01

性格別・仕事の注意点

人から好かれている人ほど、職場でうまくいくことが多いでしょう。つまり、人間関係がよいので人に協力してもらいやすく、仕事を任せたり、代行してもらうのが比較的ラクなのです。能力があり、他人の助けは必要ないというタイプのほうが、仕事に時間がかかったりします。

私が言いたいのは、人のタイプと仕事のやり方は、大きな関係があるということです。代表的なのは、批判的で思い込みが強く、融通がきかない頑固なタイプ。スケジュールをきつく詰め込み過ぎて、あとで調整に困るのです。

あるいは、はっきり「ノー」と意思表示できないタイプ。このタイプの人は、ノーを言う勇気が持てればそれでいいのですが、まずは「自分予約」を心掛けましょう。つまり、あらかじめ大切な仕事時間を、まっ先に自分のために確保するのです。そうすれば、つらい思いをしてムリに断る必要がなくなります。他にも楽天的で無計画なタイプとか、何でも理屈で考えて、論理を前面に出す左脳タイプもいます。

代表的な5つのタイプとそれぞれの注意点を左にあげるので、参考にしてください。

性格によって、ダンドリの注意点は異なる

やさしい、他人思いの人

➡ 人の仕事を抱え込みすぎる傾向がある

厳格なタイプ

➡ 分刻みのスケジュールで予備の時間がなくなる

「ノー」と言えないタイプ

➡ 自分の仕事の時間を先に予約しておこう

自由で開放的なタイプ

➡ 仕事にムラが出やすく、気分で動きがち

論理重視の人

➡ 人間関係、人材育成といった、すぐに数字で
結果が出ないことを軽視しがち

POINT 02

上司からの頼まれ仕事を断るには代替案を出す

仕事を進めている最中に、上司や他部門、顧客から突然、「これを頼む」と言われたことはありませんか？　いわゆる「割り込み仕事」です。ダンドリ下手な人は、すべてを投げ打つようにして、割り込み仕事に即、手をつけます。すると、その後のスケジュールが押してしまい、残業必至となるわけです。

本来の自分の仕事をするためには、すべてではありませんが、時には「ノー」と言う勇気が必要です。といっても、ただ断るだけではビジネスマン失格。人間関係を崩さずに、なおかつ割り込み仕事を断るには、代替案を出す、これが解決策です。下手な急用や来客を理由にした、その場しのぎの取り繕いはバレてしまい、信用をなくします。あくまでも、あなたが前向きに対処して、自分で行動する代替案でいきましょう。

「今すぐ着手できないので、明日の朝、30分早く出社して取り組みます」とか、「木曜日の午後でしたら時間が取れますが、それでよろしいでしょうか」という具合に代替案を出すのです。よほどの緊急な仕事でなければ、ダメと言う上司はいないものです。もちろん、いつも代替案を出して断るのでなく、ここぞという時に使うのがポイントです。

「ＮＯ」と「代替案」はセットで

1 手伝いたいという気持ちを伝える

「本当はお手伝いしたいのですが……」

2 どうしてもできない理由を伝える

「子供が風邪をひいてしまいまして……」
「３年ぶりに帰国する友人と会食の約束をしていまして……」
「田舎から両親が出てきていまして……」

3 代替案を出す

「明日の朝、30分早く出てやります」
「木曜日ならじっくり時間がとれます」
「水曜なら居残って仕上げます」
「次回可能なら手伝いたいので、いつでもお声がけください」

「今はできませんが、
手伝う気は十分あります」をアピール

どうしても手伝えない場合、上司に「ＮＯ」と言うことも必要。ただし、「この仕事が気に入らないから断っている」と思われないように、言葉に気をつける。もちろん、「ここぞ」というときだけ使う。乱発はＮＧ

POINT
03

「名前＋ひと言」の声掛けを実践する

どうしても代わりに仕事をしてもらいたい時、教えて欲しい時……協力してもらいたい場面や、頼まれごとを断らなければならない場面が、仕事を進める上ではたくさん出てきますが、すべて日頃のコミュニケーションがものを言います。これはその時だけの付け焼刃ではダメで、日常の関係づくりが欠かせません。「困った時だけ頼む」ではダメなのです。

まずは、日頃から、挨拶にひと言加えることを欠かさないようにしましょう。「佐藤さんおはよう。はりきってるね」とひと言。

ひと言が質問になっていれば、返事が返ってくるので立派なコミュニケーションのでき上がりです。「山本さん、おはようございます。胃の調子はどうですか?」と、相手に関心を示している質問を投げかけます。周囲の人を観察していないと、その人に合った質問はできませんから、日頃から相手を観察する習慣をつけておくことが前提となります。

また、**相手の求めていることが何かを見抜いて、的確にそれを提供していく**ことも大切です。それも、時々思いついたようにするのではなく、徹底して行ないます。それはひとつの重要な仕事だからです。

日頃のコミュニケーションのメリット

1 いざという時に心強い味方になってくれる

周囲の人たちも、さまざまな人間関係の中で、ビジネスに励んでいる。あなたが彼らから好かれていれば、悪いようには扱われない。「好意好感の原理」と言われるように、人は好意を抱いている人には冷たく当たれない

2 情報をもらえる

直接、協力に動いてもらえなくても、イザとなれば役に立つ、時にはピンチから脱出できるヒントをくれる

3 根回ししてくれる

社内なら孤立しないように、社外なら表からも裏からも援軍になってくれる

POINT 04

周囲の人の強み、弱味を観察しておく

日頃のコミュニケーションを良好にしていて、周囲のサポートを受けることができたとしても、頼んだ仕事のクオリティが低く、自分でやったほうがよかった……などとなっては本末転倒です。

それを回避するには、日頃の人間関係を良好に保ち、なおかつ、周囲の人の仕事ぶりを観察しておくことが必要です。

適材適所と言うように、「この仕事ならAさんが得意」「あのケースなら断然Bさん」と仕事ごとに適した人、強い人を日頃から観察して目星をつけておくのです。

反対に、「この作業はC君ではムリ」「あれはDさんは苦手とするところ」と把握しておくことも大切です。

人間はそうそう機械のように正確無比に行動できるものではありませんが、個々人によってある程度、類型・パターンがあるものです。

仕事の能力と、その人がチームのメンバーとして仕事のパートナーとなった場合のコミュニケーションの取り方も加味して、日頃からチェックしておくことをおすすめします。

誰に何を頼む（相談する）べきか？

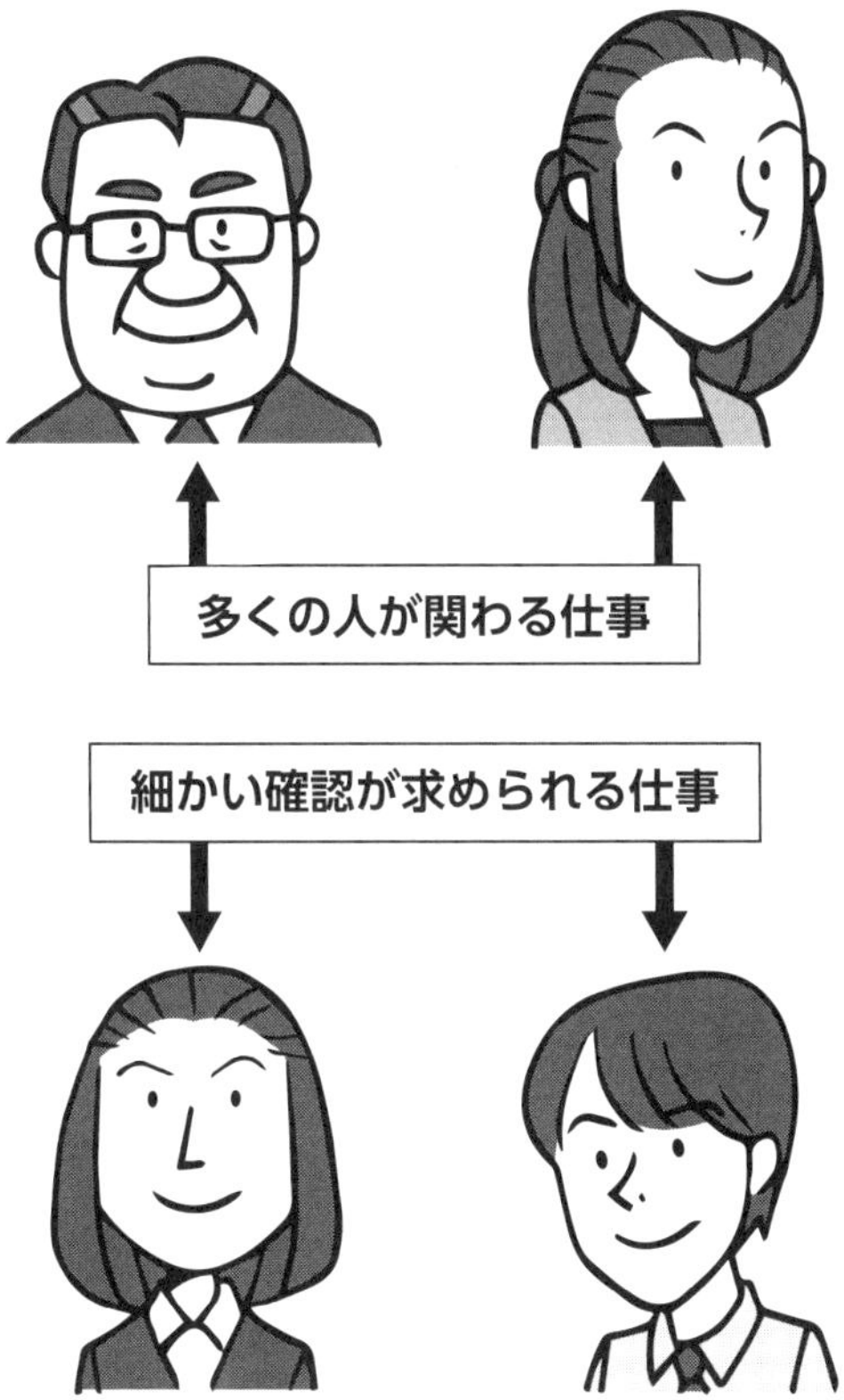

どんな人にも強み・弱み（得手不得手）があるもの。強みと弱みをたくさんつかんでいるほど、自分の仕事の精度が高まる

POINT 05

上司・取引先のスケジュールは先回りして押さえる

上司や取引先など、周囲からの割り込み仕事に対処する方法は150ページでお伝えしましたが、他にも方法はあります。上司や取引先の仕事の進捗状況をさりげなく聞いておくのです。

上司の仕事、取引先の仕事の流れを把握しておくことで、「部長が来月10日にA社の社長と面会予定があるから、その3日前までにA社向けの提案資料の作成を頼まれそうだ」「A社さんからは、毎月中旬に見積もりを出すように依頼されるから、今のうちに準備をしておこう」と先を読むことができれば、自分のスケジュールに組み込むことができて、突然降ってきた割り込み仕事ではなくなります。

「A社向けの資料は7日までに作成しておけばよいでしょうか」と先回りして伝えることで、「気がきく」と思ってもらうこともできます。

割り込み仕事は突然頼まれるもので、予想しようがないように思えますが、実際には上司のスケジュールや性格までつかんでおくことで、ある程度の予測はつくものです。

先読みするために把握しておきたい情報

上司の出張予定

➡「来週の出張前に決裁をもらっておかないと、
締め切りに間に合わない」

上司の仕事の進行状況

➡「来月10日にA社との面会予定があるから、
その前にA社向けの提案資料の作成を頼まれそうだ」

取引先企業の決算月

➡「3月決算だから、営業の△△部長は来月いっぱいは多忙」

NG例：直前まで相手の都合がわからないと、対処できないことがある

自分　「A社さんから返事がないけど、どうしたんだろう？
先に進めないなあ」
同僚　「A社の佐々木課長はインフルエンザらしいですよ」

自分　「明日、部長の承認をもらえれば、何とか間に合いそうだ」
後輩　「部長は明日から４日間、香港に出張です」

場合によっては、自分の情報をオープンにしつつ、相手のスケジュールを自ら押さえにいく。「来月の２週目に、プロジェクトの中間報告があります。課長は空きそうな曜日はありますか？」「来週の火曜日は、私どもの館内で法定の電気点検があって休業になってしまいますが、部長のご予定は？」など

POINT 06

スケジュールを上司やメンバーと共有する

部署なりプロジェクトなり、複数の人たちと進める仕事では、メンバー全員のスケジュールを一覧表にして共有するのがベストです。

これが完全にできていれば、「この期間はAさんがあいているな」「来週はB君が時間あるな」というように、時間、仕事の配分がしやすくなります。そうしないと、忙しくて手一杯の人にさらに負担がかかったり、ゆとりのある人をさらに遊ばせることにもなりかねません。メンバーで打ち合わせをするにしても、メールで何回もやり取りすることなく、「この時間帯なら全員が空いている」とパッとわかります。

目的は仕事の効率化であり、チーム活動の生産性を上げることです。本人にしかできない仕事、優先度の高い仕事、すでにブッキングされた時間などはしっかり確保してもらった上で、それを侵食しない時間に協同仕事の時間を組んでいきます。

合わせて、朝礼やミーティングで「今はこんな状況」と口頭で確認し合うことも忘れてはいけません。少なくとも、重要イベントや、何人もが関わるケースでは、特にポイントとなる情報は忘れずに共有しておきましょう。

大きな予定はメンバー全員で共有する

2016年　5月

月	火	水	木	金	土	日
						1
2 プロAmtg	3	4 ←課長出張	5 ―	6 ―	7 ―→	8
9 部長会議	10	11	12 ←展示会	13 ―	14 ―→	15
16	17 プロAmtg	18	19	20 プロA〆	21	22
23 ←部長出張	24 ―	25 ―	26 ―	27 ―→	28	29
30 部長会議	31					

重要な仕事であれば、情報共有ソフトを活用するのも一案。仕事の内容やメンバーの人数によっては、紙やエクセルで管理するほうが手間がかからないので、もっともシンプルで効率的な方法を選ぶ

POINT 07

チーム全体で仕事のモレ・ダブりを防ぐ

仕事をダンドリよく進めることで、ヌケ・モレやダブりがなくなるとお伝えしてきました。これは自分の仕事だけでなく、チームの仕事にも同じことが言えます。

Aさんと Bさんが似たような調査をしていた。クライアントの進行状況を相手が確認しているとお互いに思い込んでいたら、どちらもやっていなかった――こうしたモレ・ダブりは、意外に起こりがちです。

誰がどんな仕事をしているのか、大まかなところは把握していても、細かい作業までは把握しきれていないのが実情ではないでしょうか。

そこで、誰がどんな仕事を担当しているかを書き出し、見える化しましょう。「Cさんと Dさんが作成している資料はほぼ同じ。資料作成はCさんが担当して、Dさんには別の業務を担当してもらおう」とダブりを防げたり、「営業担当のA君とB君は、担当企業数は同程度だったけれど、顧客の元に通う回数で見るとA君が1・5倍だった」と、仕事量の偏りを平準化することにもつながります。

見える化して、具体的な仕事・作業の役割分担を見直しましょう。

モレ・ダブりがないか探してみよう

Aさんが定期的に作成している資料は、
Bさんが作成している資料とほぼ同じだった！

E君が進めている作業は、Fさんが昨年やったことだった！

チームのゴール、チームが目指すことは何か？

「何のためにやっているのか」が不明確だと、どの業務を優先させて、どの業務をやめるべきか、判断できない

「この仕事は何人でやるのが適切か？」「別のやり方に変えてもいいかもしれない」と考えることにもつながる。それによって、さらにダンドリよく仕事を進めることができる

POINT 08

「7つの領域」をチームで活かす

上司、同僚、部下の皆でスケジュールを把握しておく前にやっておきたいのが、お互いの業務内容を共有することです。あなたは自分の上司がどのような仕事をしているのか、十分に知っているでしょうか？　上司の仕事の7つの領域（50～53ページ参照）を言えるでしょうか？　大半の人は言えないのではないでしょうか。

上司から仕事を頼まれた場合、あなたが上司の7つの領域を知っていたなら、「上司の7つの領域のうちの『取引先の管理』の手伝いをしている」とわかりますが、共有していないと、上司にとってどの位置づけの仕事か、まったくわからない状態で進めることになります。共有している情報が多いほど、頼まれた仕事の意味が理解できるというのがメリットです。

上司も同じで、部下の仕事の全体像をつかんでいる人は多くありません。下手をすると、考えもなしに「これ、頼むよ」と脈絡のない仕事を振ってしまうこともあるでしょう。

部下は上司の、上司は部下の仕事の「7つの領域」を知ることで、相手の業務の全体像がわかり、仕事の質が高まるのです。

上司・部下の仕事の「7つの領域」を知る

メーカーの販売マネージャー

［仕事の領域］

1. ミーティング主催（伝達業務）
2. 販売スタッフとの面談
3. 販売スタッフの育成活動
4. 市場管理（新規エリア組み立て）
5. お客様からの苦情の対応
6. 商品管理（日付、在庫、発注）
7. 目標進捗管理

メーカーの販売部員

［仕事の領域］

1. 販売スタッフ採用活動
2. 販売スタッフ育成（新人・既存）
3. 新商品の普及活動
4. センター内業務（発注、商品管理）
5. 販売スタッフとのコミュニケーション
6. 外部専門家との連携
7. 販売スタッフが休みのときの代配

上司の「7つの領域」を知ることで……

先手を打って、「何かお手伝いできることはありませんか？」と尋ねることができる。

➡ 頼まれた仕事の意味がわかる、自分が先輩・上司になった時の仕事の頼み方を、より早くに身につけられる

部下の「7つの領域」を把握することで……

A君には今期は「新規開拓」でなく「既存の顧客の深掘り」に注力させよう

➡ 部下の成長につながるような仕事の振り方ができる

POINT 09

他人の時間ドロボーにならない

時間ドロボー（112〜118ページ）に関しては、自分が受ける被害だけを考えていては不十分です。気づかないところで、自分が他人の時間ドロボーになっていないかも考えなくてはなりません。「これは時間ドロボーだな」と気づいたら、改善しましょう。

圧倒的に多いのが、上司から部下への割り込み仕事です。本当に必要で重要な仕事もありますが、部下が仕事に集中して早めにすませたい時に、さほど急ぎでもない仕事、重要でもない仕事を「悪いけど」と頼むのは、時間ドロボーと言えるでしょう。

電話やメールも、大量に、頻繁にかけたり送ったりするのは、立派な時間ドロボーとなってしまいます。

あるいは、「待たせる」のも同じです。相手があなたからの連絡を待たないと先に進めないような場合、「うっかり忘れていた」とか、「ちょっと面倒」ということで連絡しないと、時間ドロボーになります。また、「何度も同じことを聞く」のも、相手にとっては時間を奪われていることかもしれません。

自分が人の時間ドロボーになっていないかどうか、時折、自分に問いかけましょう。

つい、他人にやっていないか振り返ろう

何度も メールを送る

➡書き忘れがないかどうか、確認してから送る

たびたび 電話を掛ける

➡最も効率的な伝達手段は電話なのか？ 対面して話す、メールを送ってから電話する、最善の方法をとる

連絡を入れずに 待たせる

➡もし、予定より遅れそうな場合には、まずその旨を伝える

何度も 同じことを聞く

➡人に聞いたことは、きちんとメモを取る

Chapter 8

もう一歩先へ。人生・未来をつくるダンドリ術

POINT 01

自分のタイプを知る

これまでお伝えしてきたように、基本的な仕事の進め方は、締め切りを設けて早めに着手することで、本書では「前半主義」をおすすめしてきました。1週間であれば週の前半、水曜日までに大半を仕上げておけば、後半は余裕を持って取り組めますし、見直す時間もとれます。結果として、仕事の質が向上します。いわば「先行型」です。

しかし、締め切りギリギリになったほうが力の出る「追い込み型」のタイプの人もいます。私は仕事術をテーマに研修をしている都合上、自分でも先行型を心がけてきました。ところが仕事が立て込んでくると、前半に片づけるのが難しくなり、結果としてここ5～6年は「追い込み型」になっています。つまり、追い込まれることでスピードが上がるようになりました。「先行型」か「追い込み型」かは、慣れによっても変わってくるのだと思います。

まずは、自分のタイプを知りましょう。早く着手して、締め切り前に終えるほうがしっくりくるか、それともギリギリまで延ばしたほうが力が出せるのかを考えてみてください。自分のタイプに合わせて仕事を進めれば、成果は出やすくなります。

先行型？追い込み型？自分のタイプを知ろう

「先行型」

レースのスタートからどんどん飛ばすタイプ。最後の直線までに相当リードしていないと、後ろから追い込まれて抜かれてしまう。はりきりすぎるとバテてしまい、成果が出にくい

「追い込み型」

ゴール近くになって爆発的な能力を発揮するタイプ。しかし目測を誤ると、先に行っていた馬に届かないこともある。つまり締め切りに間に合わないこともある。近年は、先行集団について行って直線でスッと先頭に立つ、「先行差し」という型が主流。仕事の「前半主義」と似ている

POINT
02

ギリギリまでアイデアを練ってみる

ひと通り仕事に慣れて、ダンドリよく進めることができるようになったら、応用編として、「あえて早めに着手しない」方法をとるのもいいでしょう。

特に「時間のかかる仕事」だと、様子を見ているうちに状況が変わることも珍しくありません。状況の変化を見極めて、安定してきたらサッと着手します。早めに着手し過ぎて、その後状況が変化してしまうと、結果として、ムダな仕事・作業も発生するわけです。それが、着手を延ばすことで防げる場合もあるのです。

何と言っても、ギリギリまで着手を延ばすと、アイデアが練り込まれ、考えが深くなっていくのは間違いありません。基本的な進め方をマスターした後なら、仕事の「終わり」の日程は正確にわかるでしょう。「これ以上引き延ばしたら間に合わない」というギリギリのタイミングで着手することで、すぐに着手するよりも仕事の質が高まります。

仕事に追われている忙しい人は、アイデアを練り込む時間を取ることが、いわば「締め切り効果」とでも呼べるプレッシャーになり、仕事も加速します。基本を身につけた人は、あえてギリギリまで着手を引き延ばしてみましょう。

基本の型をマスターしたら……

締め切りがプレッシャーとなって焦りが出ても、あえて着手しない
「締め切り直前」になるほど力を発揮する、土壇場に強いタイプもいる
締め切り

前半主義で成果を出せるようになったら、ギリギリまでアイデアを練ることにも挑戦。ただし、締め切りをオーバーしないように、くれぐれも注意

POINT 03

優先順位をつけない週を設ける

仕事をダンドリよく進めていくために不可欠なのが、優先順位をつけて着手することです。これは囲碁や将棋で言う基本の型、いわゆる定石のようなもので、習慣にして身体に染み込ませるくらいに徹底すべきことです。

では、5年、10年、ずっと同じやり方でいいのでしょうか?

仕事に限った話ではなく、まったく同じやり方を続けると、しまいにはマンネリ化するものです。極端に言うと「また優先順位づけか」「基本なのはわかるけど」と思ってしまうこともあるかもしれません。

大切なのは、マンネリだと思ったらそのままにせずに、時には優先順位をつけない週を設けてみることです。もちろん、すでに優先順位にのっとって仕事を進めていく基本が身についていることが大前提です。1日ではなく1週間、「優先順位なし」で仕事をしてみると、マンネリを感じている時期なら、新鮮な感覚があるかもしれません。

他にも、能力開発という観点から見ると、優先順位なしの仕事によって左ページの2つの力が磨かれます。

あえて優先順位を考えないことで、直感力と発想力を磨く

1 直感力

優先順位づけは、どちらかと言えば、マトリックスをつくって「どこにどのような仕事が当てはまるのか」を考える、いわばロジカルな左脳の力が必要。優先順位なしで決めるとなると、右脳的な直感の出番。1週間続けてみると、今までとは違った力が身につくことが実感できる

2 発想力

「発想」は、集中して頭を使った後のリラックスしている時に浮かびやすいと言われる。いわゆる「馬上、厠上、枕上」で、「移動中、トイレ、ベッド」といった仕事以外の場所で、集中から解かれた時間にふっと浮かぶことも……

優先順位をつけないと「どこから手をつけたらいいんだろう？」「何かよい手はないか？」と、かなり集中することになる。しかし、ずっと集中していることはできず、力を抜くリラックス時がやってくる——そこで「型破り」な発想が出やすい

あえて優先順位をつけない週を設けることで、必ず、新たな発見、能力が開発できる

ニュートンやアルキメデスも、集中して徹底して考え抜いた末に、リラックスした風呂の中や、庭の木を見てぼーっとしていた時にアイデアが湧いたという故事がある

POINT 04

将来計画に目を向ける

すでに触れたように、ダンドリよく仕事を進める際に欠かせないのが、仕事の全体展望です。今、並行してどんな仕事をしているのか？ そして今、自分はどのような分野に携わっているのか？ この2つが不明確だと、目先の仕事に追いかけられ、ダンドリよく回すことができなくなります。

さらには、長期的に仕事を眺める「将来展望」も不可欠です。つまり、今だけではなく3年先、5年先という未来の仕事まで立体的に眺めるのです。

当然ここには、企業で言えば中期計画、長期計画と呼ばれるような、あなた個人の仕事の将来計画が必要です。

将来を、3年、5年、場合によっては10年先まで眺めることは、優先順位の尺度にもなります。

緊急度と重要度、見切れるか見切れないか、これらの尺度だけでなく、3年先ならどうか？ 5年先ならどうか？ という尺度を持ち込めば、たいていの仕事は何から手をつければいいかが鮮明になるのです。

自分の「将来」にとって優先すべきことを考える

POINT 05

志を想い描いて仕事をする

仕事に集中力は欠かせません。集中しないとダラダラと時間がかかるばかりで、成果が出にくくなるからです。しかし、常に目の前の仕事ばかりに集中しているのも考えものです。と言うのは、目の前の仕事をこなしていくことだけが目標の、視野狭窄の状態になってしまうからです。

あえて言えば、仕事は効率的にこなすことが目的ではありません。あなたも、新入社員の頃には「こんな分野で社会に貢献したい」という夢があったのではないでしょうか。いわば「志」です。そこに向かって行くために仕事をするのです。ダンドリは手段であって、目的ではないのです。

仕事が忙し過ぎて、日々の仕事に埋没してしまうと、5年、10年経つとどうなるでしょうか？　その日の仕事をこなすだけで、夢や志とは無縁の自分になりかねません。

でも、気づいた今がチャンスです。仕事に埋没するのではなく、どんなに忙しくても、時間をとって、自分の将来に想いを馳せましょう。仕事の合間に、自分の志について考えることが、あなたの仕事の軸、支えとなるのです。

「石を積んでいる」、「城をつくっている」
——とらえ方ひとつで、成果が変わる

POINT
06

カミナリ療法で価値観を鮮明にさせる

「今日が地球最後の日だとしたら、仕事をとるか、愛する人との時間をとるか?」

こういった意味のことを、アップルの前CEO、スティーブ・ジョブズは言いました。優先順位づけの極致とも言える問いでしょう。つまり、自分にとって何が一番大切か、価値観が問われるのです。

私が研修の受講者に尋ねるのが、アラン・ラーキンという専門家が説いた「カミナリ療法」の問いです。数ヶ月先に、ゴルフのプレイ中にカミナリに打たれてしまうと仮定して、価値観を見直す方法です。

私の場合は「2週間先」に変えて、価値をどこに見出すかのバロメーターとしています。誰に会っておきたいか? どんな2週間にしたいか? 行きたい場所は? 欲しいものは? と具体的に考えると、「家族といつもと変わらない生活をする」「お金を使いたいだけ使って好きに生きる」「小学校時代の親友に会う」「まずは仕事の申し送り」……というように、大切なのは家族か友人か、仕事かお金か、人によってそれぞれ本音が出てきます。何のために仕事をしているのか、カミナリ療法で価値観をあぶり出してみましょう。

「自分の人生」で大切にしたいことは何か？

おわりに

「タイム・イズ・マネー」から「タイム・イズ・ライフ」へ

仕事に取り組むモチベーションを上げるには、「タイム・イズ・マネー」を意識する方法があります。自分の「お金」、時給はいくらなのかを計算して、貴重な時間＝お金をムダにしないために、仕事をがんばろうとなるわけです。

年収を単純に総労働時間で割り、大体の時給を意識するだけでも、仕事に前向きに取り組めるものです。

マイクロソフトのビル・ゲイツが現役の頃、「タイム・イズ・マネー」がベースになったジョークが流行りました。ビル・ゲイツが道を歩いていると、目の前に100ドル紙幣が落ちていました。しかし彼は拾いません。拾うよりも、早くオフィスに着いて仕事をしたほうが何万倍もの収入になるから、というのです。

ちなみに、今のゲイツは「社会貢献」が自分の動くエネルギー、モチベーションの素だそうです。お金では動かないというのも、すごい話ではありますね。

ただ、時は金なりという考え方だけだと、視野が狭くなり、何でもかんでもお金に換算しがちです。

ＩＴ業界で月に数千万円稼ぐ知人が、一杯いくらの儲けのラーメン屋さんや、一尾いくらの魚屋さんをバカにした発言をしていたので、私はつき合うのをやめました。すべてを「お金第一」でお金に換算していると、小さな人間になってしまいます。

タイム・イズ・マネーの先にあるのは、タイム・イズ・ライフ、つまり「時は人生そのもの」という考え方です。「生き方」と言ってもいいでしょう。

ダンドリ術の目的は、仕事の効率化です。しかし、それで終わりではありません。時間を大切に働き、生きることは、人生を大切にすることです。

時間をムダにするのは、貴重な人生をムダにしているのと同じことなのです。つまり、仕事のダンドリとは、単なる効率化のためのダンドリではなくて、人生をよりよく生きるためのダンドリと言えるでしょう。

著者略歴

松本　幸夫（まつもと　ゆきお）

スピーチドクター、ヒューマンアナリスト、ヒューマンラーニング株式会社代表、イースピリッツ講師
1958 年東京生まれ。幼少時からあがり症に悩む。その克服のために、自己啓発の道に入る。仕事術、ダンドリを中心に、30 年間で延べ 20 万人に指導を行なう。
ベストセラーとなった『仕事が 10 倍速くなるすごい！法』（三笠書房）、『優先順位の王様』（リンダパブリッシャーズ）、『アガリ症を 7 日間で克服する本』（同文舘出版）など 220 冊以上の著書がある。出版界の活性化を悲願としている。

HP：http://www.kenjindo.jp/

残業ナシで成果を上げる！
仕事のダンドリ

平成 28 年 5 月 6 日　初版発行

著　者 ―― 松本幸夫

発行者 ―― 中島治久

発行所 ―― 同文舘出版株式会社

東京都千代田区神田神保町 1-41　〒 101-0051
電話　営業 03（3294）1801　編集 03（3294）1802
振替 00100-8-42935
http://www.dobunkan.co.jp/

ISBN978-4-495-53371-7
印刷／製本：三美印刷
Printed in Japan 2016